한국인의 건강밥상

발효요리 레시피

이영순 저

예신 Books

머리말

가을 추수가 끝난 후 쌀쌀해질 무렵 가마솥에 콩을 삶을 때 아궁이 옆에서 중간중간 맛보는 삶은 콩은 고소하고 달달하여 그 어떤 간식보다 맛있었다.

어릴 적 처마 밑에 매달린 메주에서 나는 냄새는 결코 맛있는 냄새가 아니었는데….

잘 숙성되어 만들어진 된장이 구수하고 맛있는 냄새로 느껴지는 것은 나이를 먹게 되면서 점점 그 맛을 알게 되기 때문인 것 같다.

발효음식은 음식 만드는 이의 정신과 햇살 및 공기 등 자연이 주는 환경을 바탕으로 최고의 천연 양념이 되며, 우리 집안만의 살림 밑천이 된다. 발효음식을 연구하고 만드는 나는 현대적 레시피와 나만의 방법으로 누구나 쉽고 편리하게 발효음식을 만들 수 있도록 다음과 같은 내용을 담았다.

1. 저염 간장 및 된장 담그기
2. 우리 집만의 쉽고 간편한 기능성 고추장 담그기
3. 현대식 편리한 청국장 만들기 및 보관하기
4. 간편한 저염 장아찌 담그기
5. 몸에 약이 되는 발효청 담그기
6. 계절별·지역별 특산물로 젓갈 담그기
7. 맛있고 특별하면서도 쉽게 김치 담그기
8. 집에서 간편하게 아이와 즐기면서 치즈 만들기

우리 몸에 좋은 발효음식은 가정에서 만들어 먹기에는 여러 가지 한계가 있지만 조그마한 관심과 노력으로 나의 가족과 우리의 식탁을 더욱 건강하게 할 수 있는 방법들이 많다.

본 책이 만들어지기까지 사진 촬영에 도움을 주신 윤길현, 정혜선선생님, 늦둥이 아들이자 나의 분신 이승현군, 책 출판에 많은 도움을 주신 도서출판 예신 임직원 여러분께 감사의 마음을 전하며, 이 책이 많은 사람들에게 꼭 필요한 활용서로 손쉽게 찾는 도서가 되기를 진심으로 바란다.

저자 씀

차례

간장

간장을 떠올리면 생각나는 일이 있다	10
예로부터 장과 관련된 속담이 많다	12
간장의 유래	13
간장의 종류	14
간장의 성분	16
마트에서 쉽게 볼 수 있는 간장은	17
전통식 재래간장은	18
간장의 효능	19
간장 담그기	20
맛간장 만들기 A	21
맛간장 만들기 B	22
맛간장 만들기 C	22

- 간장파스타 ······ 24
- 간장우동 ······ 25
- 호두 간장조림 ······ 26
- 쇠고기 달걀장조림 ······ 27
- 두부조림 ······ 28
- 새우 마늘 꼬치구이 ······ 29
- 무 간장볶음 ······ 30
- 새송이볶음 ······ 31

된장

가을 추수가 끝난 후 쌀쌀해질 무렵	34
된장의 유래	36
오심(伍心) - 된장에 담긴 철학	37
된장의 발효	38
된장의 종류	39
된장의 효능	44
전통된장 담그기 A	45
전통된장 담그기 B	49
메주로 된장 담그기	51
저염 된장 담그기	51
이영순표 된장(간장) 담그기	53
보리된장 담그기	54

- 두부 된장 스테이크 ······ 56
- 된장 고구마 줄기찜 ······ 57
- 된장 리조또 ······ 58
- 된장 고추무침 ······ 59
- 된장 불고기 ······ 60
- 된장 추어탕 수제비 ······ 61

고추장

집안에 자손이 번성하기를 바라는 마음은
누구나 같다 ······ 64
고추장의 유래 ······ 66
고추장의 종류 ······ 67
고추장의 효능 ······ 69
고추장 담그기 ······ 70
밀가루고추장 담그기 ······ 70
찹쌀고추장 담그기 ······ 71
보리고추장 담그기 ······ 72
대추 찹쌀고추장 담그기 ······ 73
고구마고추장 담그기 ······ 74
떡메주고추장 담그기 ······ 74
마늘고추장 담그기 ······ 75
호박고추장 담그기 ······ 75
이영순 특허 고추장(홍합고추장) 담그기 ······ 76

- 고추장 야채구이 ······ 78
- 방아 장떡 ······ 79
- 꽁치 고추장구이 ······ 80
- 호박 감정국 ······ 81
- 가지 불고기 ······ 82
- 아주까리 전골 ······ 83
- 고추장 쫄면 비빔국수 ······ 84
- 과일고추장 샐러드 ······ 85
- 장떡 야채말이 ······ 86
- 고추장불고기 주꾸미볶음 ······ 87

청국장

아버지께서 청국장을 드실 때면 ······ 90
청국장의 유래 ······ 92
청국장의 종류 ······ 93
청국장의 효능 ······ 94
청국장과 낫토 ······ 95
전통청국장 만들기 ······ 96
전기밥솥을 사용하여 청국장 만들기 ······ 98

- 생청국장 옥수수튀김 ······ 100
- 청국장찌개 ······ 101
- 청국장 샐러드 ······ 102
- 청국장 비빔우동 ······ 103
- 생청국장 비빔밥 ······ 104
- 청국장 고사리볶음 ······ 105

장아찌

초등학교 6년 동안 집에서
학교까지 걸어서 등·하교하였다 108
장아찌의 유래 110
장아찌의 재료 112
장아찌를 담그는 조건 115
재료 특성에 따른 전처리법 115
장아찌 담그기 116
장아찌를 맛있게 담그려면? 118

- 장아찌 주먹밥 120
- 새송이장아찌 121
- 도라지장아찌 122
- 마늘종 무장아찌 123
- 마늘종장아찌 볶음밥 123
- 양배추 깻잎 간장장아찌 124
- 무 된장장아찌 125
- 고추장아찌 126
- 고추장아찌를 넣은 라면 126
- 매실장아찌 127
- 매실장아찌 고추장박이 127
- 콩잎장아찌 128

발효청

강산이 두 번 변하기 전 어느 날 132
발효청의 유래 133
발효청의 종류와 효능 134
발효청의 재료 136
발효청 담그기 138
재료에 따른 1차 발효기간 140
발효청 숙성 및 보관하기 141
발효청을 요리에 활용하기 142
발효청이 식생활에 빠르게 확산된 이유는? 143

- 우엉 샐러드 146
- 목이 발효청 탕수 147
- 고추 발효청 멸치볶음 148
- 발효청 부추무침을 곁들인 새송이전 149
- 레몬 발효청 스낵랩 150
- 발효청 소스 두부강정 151
- 생강 발효청 고등어조림 152
- 황기 발효청 햄버그스테이크 153
- 적양파 발효청 오리불고기 154
- 오미자 발효청 그린샐러드 155

김치

각 나라를 알리는 외국의
어느 페스티벌에 간 적이 있다 ······ 158
김치의 유래 ······ 159
김치의 효능 ······ 160
김치의 종류 ······ 161
김치의 주재료 ······ 164
배추김치 담그기 ······ 166
김치 담그기 포인트 ······ 167
이영순표 김장 양념하기(절인 배추 40kg 기준) ······ 168
이영순표 김장 양념하기(절인 배추 380kg 기준) ······ 169

- 단감 비지미김치 ······ 172
- 민들레김치 ······ 173
- 상추김치 ······ 174
- 홍합부추김치 ······ 175
- 비트 물김치 ······ 176
- 총각무김치 ······ 177
- 열무김치 ······ 178
- 돌나물 물김치 ······ 179
- 오이소박이 ······ 180

젓갈

나는 재래시장 구경하기를 좋아한다 ······ 184
젓갈의 유래 ······ 185
젓갈의 종류 ······ 186
많이 사용하는 젓갈 ······ 190
젓갈 담그기 ······ 192
연안식해 담그기 ······ 194
가자미식해 담그기 ······ 194

- 늙은 호박 젓국찌개 ······ 196
- 연두부 날치알 카나페 ······ 197
- 시금치 명란 계란말이 ······ 198
- 호래기 무침 ······ 199
- 조개젓 비빔밥 ······ 200
- 새우젓 주먹밥 ······ 201
- 양념 게장 ······ 202
- 버섯 야채볶음 ······ 203

치즈

유제품을 좋아하는 늦둥이 아들을 위해 ······ 206
치즈의 유래 ······ 207
치즈의 효능 ······ 209
치즈의 종류 ······ 210
코티지치즈 만들기 ······ 212
리코타치즈 만들기 ······ 213
모차렐라치즈 만들기 ······ 214

- 코티지치즈 딸기샐러드 ······ 216
- 토마토 당근전병 치즈말이 ······ 217
- 피자 ······ 218
- 토마토소스 스파게티 ······ 219
- 애호박선 치즈구이 ······ 220
- 호박오가리 요리 ······ 221

■ 참고문헌 ······ 222

간장
Soy Sauce

메주와 물, 소금을 섞어 발효
숙성시킨 후, 그 여액을 가공한 장

　예로부터 간장 담그는 일은 가정의 중요한 연중행사로 여겨, 초겨울부터 이듬해 초여름까지 메주 만들기, 메주 띄우기, 장 담그기 등이 계속되었다.
　간장 맛이 좋아야 음식 맛을 잘 낼 수 있다 하여 장을 담글 때는 길일을 택하고 재료 선정이나 관리에도 세심한 주의를 기울였다.

간장을 떠올리면
생각나는 일이 있다

 어릴 적 어머니 생신날 처음으로 미역국을 끓여드려야겠다는 생각에 동생과 함께 새벽부터 일어나 밥을 짓고 국도 끓였다. 그런데 국의 맛이 이상했다. 어머니께서 끓여주시던 미역국 맛이 아니었다. 간장과 소금을 번갈아 넣으며 맛을 보았지만 맛이 이상했다.

 그때 어머니께서 주방에 오셔서 뭐하냐고 물어보시길래 어머니 생신이라 미역국을 끓여드리고 싶어 국을 끓인다고 말씀드렸다. 어머니께서 미역국 간을 보시더니 여기에 무얼 넣었냐고 하시면서 어이없는 표정을 지으셨다. 국을 끓인 순서를 열심히 설명했더니 웃으시면서 끓인 국을 소쿠리에 붓고 미역만 담으셨다. 냄비에 들기름을 두르고, 담아둔 미역을 넣어 다시 국을 끓이시면서 잘 보라고 하셨다.

 간장이 다 똑같은 것인 줄 알았는데 국을 끓일 때와 반찬을 할 때 쓰는 간장이 다르다는 것을 그때 처음 알게 되었다. 미역국에 진간장을 넣고 끓였기 때문에 국물의 색이 까맣고 이상한 맛이 났던 것이다.

 요즘도 미역국을 끓일 때마다 그 일이 떠올라 혼자 웃을 때가 있다. 그날 이후 나는 국을 끓일 때나 반찬을 만들 때 헷갈리지 않고 용도에 맞는 간장을 사용한다. 가끔 친구들이 국을 끓일 때 넣는 간장이 뭐냐고 물어보면 그때의 경험담을 이야기하면서 가르쳐준다. 어릴 적 했던 실수의 경험이 살면서 이렇게 유용한 지식이 된다는 것이 정말 신기하다.

예로부터 장과 관련된 속담이 많다

'음식 맛은 장맛',
'집안을 알려면 장맛을 보라'….

이 속담들은 하나같이 장맛이 중요하다는 뜻이다. 이렇듯 간장은 우리 음식문화의 가장 중심이 되는 위치에 있다.

한자에서 간장의 '장醬'자를 살펴보면 '장수 장將' 아래에 발효식품을 상징하는 '술병 유酉'가 있다. 이는 장수가 모든 병사를 통솔하듯이 음식의 맛을 좌우하는 대장 노릇을 하는 것이 간장이라는 뜻일 것이다.

간장의 유래

간장은 메주를 주원료로 하며 식염수 등을 섞어서 발효 숙성시킨 후, 그 여액을 가공한 것이다. 삼국 시대에는 간장과 된장을 모두 '장'이라 부르다가 고려 시대에 와서 장으로부터 분리한 맑은 액을 '간장'이라 불렀다.

콩과 밀은 철기 시대 무렵부터 재배하였는데, 콩과 밀의 명산지로 알려진 부여국에서는 걸쭉한 장류를 담갔다. 삼국 시대에는 메주를 쑤어 장을 담그고 맑은 장을 떠서 사용하였으며, 간장과 된장을 식품으로 만들어 먹었다는 기록이 있다.

간장, 된장, 고추장은 부식물(주식에 곁들여 먹는 음식)로 이용되지만 부식물의 맛을 돋우어 주는 동시에 음식의 간을 맞추는 데 없어서는 안 되는 귀한 재료이다. 장맛이 어떠한지에 따라 음식의 맛이 좌우되기 때문에 오래 전부터 장을 정성 들여 담그는 풍습이 전해 내려오고 있다.

간장은 짠맛과 단맛을 내고, 소금보다 독특한 풍미와 선명하면서도 투명한 적갈색 및 흑갈색 빛을 띠며 음식의 맛과 색을 돋우어줄 뿐만 아니라 영양가도 높다. 간장은 음식을 만들 때나 절임을 할 때도 이용하지만, 이미 만들어 놓은 음식의 간을 맞추는 데 많이 이용되었다. 그러므로 음식상을 차릴 때 간장을 준비하여 간을 맞추어 먹는 것이 우리 민족의 풍습이 되어 왔다.

간장의 종류

 간장은 단백질과 탄수화물이 함유된 원료로 만들거나, 메주를 주원료로 하여 식염수 등을 섞어서 발효시킨 것, 효소분해 또는 산분해 등으로 가수분해하여 얻은 여액을 가공한 것이다.
 간장에는 재래간장과 개량간장, 산분해간장인 아미노산 간장(화학간장)과 양조간장, 그리고 아미노산 간장을 적당히 혼합한 혼합간장 등이 있다. 현재는 특수한 성분을 첨가한 특수간장도 유통되고 있다.

농도에 따른 분류

- **묽은 간장**
  국을 끓일 때 쓰며 담근 햇수가 1~2년 정도 된 간장
- **중간 간장**
  찌개나 나물을 무칠 때 쓰며 담근 햇수가 3~4년 정도 된 간장
- **진간장**
  약식, 전복초, 비빔밥을 만들 때 쓰며 담근 햇수가 5년이 지난 간장

제조 방법에 따른 분류

- **한식간장**
  메주로 담근 전통적인 간장
- **양조간장**
  콩과 곡식(쌀, 밀, 보리)에 누룩균을 배양하여 발효시킨 간장
- **산분해간장**
  단백질을 함유한 원료를 산으로 가수분해한 후, 그 여액을 가공하여 만든 간장
- **혼합간장**
  산분해간장을 양조간장에 섞어 만든 간장

간장의 성분

간장에는 젖산, 초산, 호박산, 개미산, 버터산, 레몬산 등의 유기산들이 있다. 이것이 간장의 신맛을 조성하는 기본 물질이며, 이 밖에도 여러 가지 맛을 내는 물질이 있다.

간장은 소금에 의해 짠맛이 나고, 글루타민산과 호박산에 의해 구수한 고기맛이 나며 포도당, 과당, 글리세린, 일부 아미노산 등에 의해 단맛이 난다.

간장은 석회염, 기타 단백질분해산물 등에 의해 쓴맛이 나는데, 이는 단백질, 탄수화물, 인, 철, 칼슘, 아미노산, 염분, 비타민(B_1, B_2, PP) 등이 들어 있기 때문이다.

소금에는 몸에 필요한 70~80종의 미네랄이 있는 반면 간수라 불리는 염화마그네슘$(MgCl_2)$과 비소 등 불필요한 독소들이 들어 있는데, 이를 제거하는 경제적인 방법으로 장을 담갔다.

마트에서 쉽게 볼 수 있는 간장은

　재래간장이 아닌 주로 산분해간장으로, 전통 발효간장이 가지는 효능이 거의 없는 간장이다. 물론 저렴한 가격에 숙성된 간장의 맛을 느낄 수 있다는 점은 좋지만 영양분이 거의 없다면 식재료라 보기 어렵다.

　전통 발효간장은 만들기 번거롭고 짠맛이 강해 간을 맞추기 어렵다. 그래서 요즈음 가정에서는 간장의 염분을 보통 간장의 1/2 이하로 줄여서 저염 간장으로 많이 담가 먹는다. 저염 간장은 국이나 찌개의 간을 맞추거나 단맛이 없는 간장이 필요할 때 쓴다.

○ 저염 간장 담그는 법

　양파, 다시마, 파뿌리, 무, 표고버섯, 청양고추, 사과를 물에 넣고 **20분** 동안 끓이다가 레몬을 넣고 **10분** 정도 더 우려서 체에 거른다. 우린 물 : 간장을 1 : 3의 비율로 넣고 유리병에 담아 식힌다.

전통식 재래간장은

   항아리에서 2~3개월 정도 숙성시킨 후 항아리에 들어 있는 간장과 된장을 분리한다. 이 상태의 간장과 된장은 미숙성 상태라 그냥 먹을 수 없으므로 다시 후숙으로 들어가야 한다. 몇몇 지역에서는 이 상태의 간장과 된장을 먹는 경우도 있지만, 후숙이 없으면 간장과 된장이 숙성되지 않아 짠맛이 상당히 많이 느껴지고 향미가 모자란다.

   분리된 간장은 여름이 되기 전이나 먹기 전에 끓여서 달이는데, 약한 불에서 1~2시간 달인다. 이것은 간장에 있는 고형물을 침전시키는 효과, 살균 효과, 이취를 제거하고 향미를 증진시키는 3가지 효과가 있다.

   달인 간장은 찌꺼기를 제거한 후 살균한 항아리에 다시 넣어 숙성시킨다. 보통 달이고 난 후 3개월 이후에 먹는 것이 좋다. 그전에도 먹을 수 있지만 재래간장도 포도주와 마찬가지로 오랜 기간 숙성을 통해 향미가 증진된다.

   대부분은 달이지 않고 발효된 상태 그대로 사용한다.

간장의 효능

간장은 혈관을 부드럽게 하며 혈액 순환에 도움을 준다. 간장에는 메티오닌이라는 성분이 있는데, 이것은 해로운 성분을 해독하는 데 탁월한 효과가 있다. 간장은 주재료가 콩이라 단백질이 풍부하고, 콩은 미생물의 종류에 따라 약이나 다름없는 기능성 아미노산을 생성하며, 이 아미노산이 항산화 작용을 하여 암세포 증식을 억제하고 예방하는 데 효과가 있다고 한다. 또한 간장은 메주에서 나는 납두균과 호모균이 풍부하여 유산균 공급원으로도 최고인 식품이다.

○ **간장의 효능**

항암 효과	항염증 효과	항노화 효과
항산화 효과	항고혈압 효과	혈액순환 개선
해독 작용	단백질 공급	유산균 공급

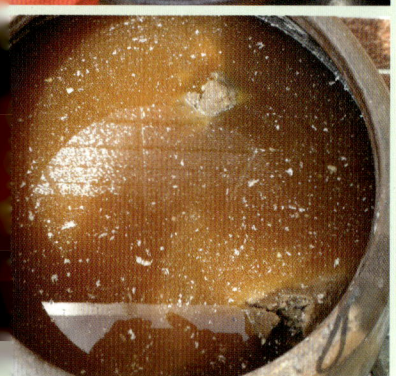

간장 담그기

 재료 메주 8kg, 물 20L, 소금 10kg, 숯·고추·대추 약간씩

○ 메주 만들기(p45 참고)

○ 장(간장, 된장) 담그기

1. 늦가을에 쑤고 겨울에 띄운 메주를 준비한다.
2. 바구니에 소금을 담고 물을 부어 소금물을 만든다. 소금물을 가라앉힌 다음 고운체에 다시 거른다.
3. 항아리는 햇볕을 많이 쬘 수 있도록 입이 넓은 것으로 준비하고, 끓는 물을 부어 깨끗이 소독하여 씻는다.
4. 메주는 솔로 박박 문질러 깨끗이 씻는다.
5. 씻은 메주를 항아리에 차곡차곡 쌓은 다음, 그 위에 준비한 소금물을 붓는다.
6. 항아리에 망을 씌워 메주를 넣고 소금을 붓는다.
7. 깨끗이 닦은 숯, 고추, 대추를 넣은 다음, 뚜껑을 꼭 닫고 3일간 두었다가 열어 햇볕을 쬐게 한다.
8. 망사로 항아리 위를 봉하고 2~5개월 정도 두는데, 이때도 뚜껑을 자주 열어 햇볕을 쬐게 한다.
9. 2~5개월 후에는 항아리에 넣었던 숯, 고추, 대추를 꺼낸 후 간장독을 준비하여 체에 올리고 장을 뜬다.
10. 간장과 된장으로 장 가르기를 한다.
11. 체에 밭친 간장은 그대로 두기도 하고, 달여서 거품을 걷어낸 후 식혀서 붓기도 한다.
12. 장 가르기 후 간장과 된장을 각각의 용기에 3~6개월 동안 2차 숙성시킨다.

맛간장은 시판하는 진간장에 여러 가지 재료를 넣고 끓여서 만든 간장이다.

개운하고 깔끔한 맛이 특징이며 감칠맛이 있어 요리의 맛과 향을 더 깊게 한다. 진간장을 쓰는 거의 모든 요리에 쓸 수 있다.

Tip 항아리 소독법
- 볏짚을 이용하여 소독한다.
- 토치를 이용하여 항아리를 소독한다.
- 신문지에 불을 붙여 항아리를 소독한다.

맛간장 만들기 A

 진간장 3컵, **설탕** 4큰술, **고추씨** 1큰술, **마른 홍고추** 1개, **백포도주** 5큰술, **후추** 1/2작은술, **조청(올리고당)** 3큰술, **쇠고기(양지머리)** 150g, **마른 다시마** 10g, **깻잎** 4장, **마늘** 5쪽, **생강** 5g, **양파** 1/4개, **대파** 1/4개, **물** 1/4컵, **무** 1/4개, **양배추** 4장

1. 마늘과 생강은 도톰하게 저미고, 마른 홍고추는 적당한 크기로 자른다.
2. 깻잎은 반으로 자르고 쇠고기는 도톰하게 자른다.
3. 냄비에 간장을 부어 설탕을 녹이고 고추씨, 홍고추, 백포도주, 후추, 쇠고기, 해초, 미더덕 껍질을 넣어 중간 불로 끓인다.
4. 넘치지 않도록 지켜보다가 간장이 끓어오르면 약한 불로 줄인다.
5. 약한 불에 끓이다가 10분 후 다시마를 건져내고 나머지 재료를 넣어 15~20분 정도 은근하게 더 끓인다.
6. 5의 재료를 건져낸다.
7. 마지막에 조청을 넣고 저어서 한 번 더 잠깐 끓인 후 식혀서 체에 담는다.

맛간장 만들기 B

 재료 **진간장** 3컵, **고추씨** 1큰술, **마른 홍고추** 1개, **백포도주(소주)** 5큰술, **후추** 1/2작은술, **마른 다시마** 10g, **깻잎** 4장, **마늘** 5쪽, **생강** 5g, **양파** 1/4개, **대파** 1/4개, **물** 1/4컵, **무** 1/4개, **양배추** 4장, **쇠고기(양지)** 100g, **다시 멸치 · 마른 새우 · 파뿌리** 적당량

1. 채소는 씻어서 적당한 크기로 자르고 고기는 핏물을 빼놓는다.
2. 1을 물에 넣고 20분 정도 육수를 낸 다음 다시마, 다시 멸치, 마른 새우를 넣고 1분 정도 끓인 후 건져낸다.
3. 나머지 재료를 넣고 15~20분 정도 은근하게 끓인다.
4. 3의 육수에 분량의 간장과 육수를 4:1의 비율로 넣고 끓여서 처음 간장의 양만큼 되도록 달인다.

Tip
- 채소와 말린 재료들은 육수를 따로 내고 합하여 끓인다.
- 해산물(다시 멸치, 마른 새우 등)의 양이 많으면 비린맛이 많이 나므로 주의한다.

맛간장 만들기 C

 재료 **멸치** 300g, **보리새우** 200g, **양파** 2개, **다시마** 100g, 말린 **표고버섯** 10g, **무(中)** 1개, **물** 4L

1. 재료를 찬물에 넣고 30분 동안 끓인다.
2. 1을 우려낸 물에 전통간장 1.8L를 부어 1/2 정도 되도록 조린다.
3. 유리병에 담는다.

Tip 맛간장 보관법
계절에 따라 차이는 있지만 소독한 밀폐 용기에 담아서 상온 2개월, 냉장 4개월 정도 보관한다.

soy sauce recipe

간장 23

간장파스타

재료: **스파게티** 300g, **마늘** 4쪽, **버터** 2큰술, **간장** 2큰술, **아로니아청** 2큰술, **올리브유 · 소금 · 후춧가루** 약간씩

1. 물에 올리브유, 소금을 넣고 물이 끓으면 면을 넣어 8~10분 정도 삶는다.
2. 마늘을 편으로 썰어 팬에 올리브유를 두르고 볶다가 마늘향이 나면 삶은 면을 넣고 더 볶는다.
3. 면에 윤기가 나면 간장과 아로니아청을 넣어 센 불에서 빠르게 볶고, 버터를 넣어 향을 더한다.
4. 소금과 후춧가루로 마무리하여 그릇에 담는다.

🍴 간장우동

재료: 우동면 400g, **목이버섯** 4개, **표고버섯** 4개, **어묵** 50g, **홍고추** 1개, **소금·후춧가루** 약간씩

육수: 마른 다시마 4장, **마른 표고 버섯** 2개, **무** 100g, **간장** 약간

1. 찬물에 육수 재료를 넣고 끓이다가 간장으로 색을 낸다.
2. 우동면은 삶아서 준비한다.
3. 목이버섯과 표고버섯을 물에 불려 깨끗이 손질하고 먹기 좋게 자른다.
4. 홍고추는 어슷하게 썰고 어묵도 모양을 살려서 썬다.
5. 1의 육수에 준비한 재료들을 모두 넣고 끓인다.
6. 한소끔 끓인 다음 그릇에 보기 좋게 담는다. 소금과 후춧가루로 나머지 간을 한다.

🍴 호두 간장조림

재료 호두 1컵, 물 2컵, 소금 1/2작은술

조림장 간장 3큰술, 올리고당(또는 조청) 3큰술, 들기름 1작은술, 포도씨유 1큰술

1. 끓는 물에 호두와 소금을 넣고 2~3분 정도 삶은 다음 찬물에 헹구고 체에 받쳐 물기를 뺀다.
2. 냄비에 분량의 조림장을 넣고 바글바글 끓인다.
3. 끓으면 1에서 준비한 호두를 넣고 조림장이 자작해질 때까지 윤기 나게 조린다.

> **잠깐** 호두는 햇볕이 드는 곳에 두거나 실온에 너무 오래 두고 보관하면 산화되기 쉬워요. 공기에 노출되지 않도록 잘 밀봉해서 그늘진 곳이나 냉동고에 보관하세요~

🍴 쇠고기 달걀장조림

 쇠고기(홍두깨살) 500g, **다시마 육수** 2컵, **달걀** 3개, **꽈리고추** 5개, **물** 2컵

 집간장 3큰술, **진간장** 2큰술, **올리고당** 2큰술, **후춧가루** 약간

1. 쇠고기는 큼지막하게 1×4cm로 썰어 1~2시간 정도 물에 담가 핏물을 뺀다.
2. 꽈리고추는 꼭지를 떼고 달걀은 삶아서 껍질을 벗긴다.
3. 냄비에 물, 쇠고기, 다시마 육수를 넣고 센 불에서 끓인다.
4. 한소끔 끓어오르면 불을 줄이고, 쇠고기를 꼬치로 찔러 핏물이 나오지 않을 정도로 삶는다.
5. 냄비에 분량의 양념을 넣고 끓이다가 달걀을 넣고, 한소끔 끓어오르면 익은 쇠고기를 넣고 국물이 자작해질 때까지 조린다.
6. 마지막에 꽈리고추를 넣고 마무리한다.
7. 부드럽게 조려지면 한 김 식히고, 쇠고기는 결대로 찢어서 국물과 함께 담는다.

> **잠깐** 장조림 고기가 딱딱하고 질기면 맛이 없죠? 고기를 충분히 익혀서 부드러워졌을 때 양념을 넣고 조리면 실패하지 않는답니다. 장조림용 쇠고기는 지방 함량이 적고 육즙이 풍부한 홍두깨살이 좋아요.

🍴 두부조림

재료 　두부 1모, 가지 1개, 청·홍고추 1/2개씩, 깻잎 3장, 식용유 1큰술, 들기름 1큰술

양념 　다시마 육수 3큰술, 간장 2큰술, 물 2큰술, 다진 마늘 1/2큰술, 깻잎발효청 1큰술, 참기름 1큰술, 통깨 약간

1. 두부와 가지는 2cm 두께로 납작하게 썰고 청고추, 홍고추, 깻잎은 길이로 채썬다.
2. 두부는 물기를 제거하고 소금과 후춧가루로 밑간을 한다.
3. 팬에 식용유와 들기름을 두르고 두부와 가지를 앞뒤로 노릇하게 지진다.
4. 냄비에 분량의 양념을 넣고 살짝 끓이다가 지진 두부를 먼저 넣고 조린다.
5. 색이 나면 가지를 넣고 조린다.
6. 두부에 어느 정도 색이 배어들면 야채를 넣고 마무리한다.

> **잠깐** 두부를 자주 뒤집으면 부서지므로 한 쪽이 충분히 노릇해졌을 때 뒤집으세요.

새우 마늘 꼬치구이

재료 칵테일 새우 300g, 통마늘 10쪽, 대파 1대, 청·홍고추 1개씩, 꼬지 10개

간장소스 다시마 육수 5큰술, 간장 4큰술, 청주 4큰술, 설탕 1큰술, 다진 생강 1/2작은술

1. 새우는 끓는 물에 데치고, 청고추와 홍고추는 씨를 제거한다. 대파와 고추는 새우와 비슷한 길이로 자르고, 마늘은 꼭지 부분을 제거한다.
2. 냄비에 간장소스를 넣고 약한 불에서 뭉근히 끓여 걸쭉하게 만든다.
3. 준비한 재료들을 꼬지에 보기 좋게 꽂고 석쇠에 기름을 바른 후, 간장소스를 바르면서 굽는다.

잠깐 마늘은 날로 먹으면 매운맛이 강하고 향이 독해서 위 점막을 자극할 수 있으니까 주의하세요~

🍴 무 간장볶음

재료 무 1/2개, **들기름** 2큰술, **깨소금** 약간

조림장 간장 4큰술, 조청 2큰술

> **잠깐** 무는 김장철이 되면 달고 시원하게 맛있어져요. 가을 무를 먹으면 감기도 낫게 한다고 하죠~

1. 무는 나무젓가락 굵기로, 5~6cm 길이가 되도록 자른다.
2. 팬에 들기름을 두르고, 자른 무를 볶다가 무가 투명해지면 조림장을 넣고 조리듯 볶는다.
3. 무에 색이 배어들면 그릇에 담고 깨소금을 뿌린다.

🍴 새송이볶음

재료: **새송이버섯** 2개, **배춧잎** 3장, **홍고추** 1개, **대파** 1/2대, **다진 마늘** 1작은술, **들기름** 2큰술, **간장** 2큰술, **깨소금** 약간

1. 새송이버섯과 배춧잎은 먹기 좋은 크기로 자르고 홍고추와 대파는 어슷하게 썬다.
2. 팬에 들기름을 두르고 배추가 살짝 투명해질 때까지 볶는다.
3. 배추가 살짝 투명해지면 간장과 버섯을 넣고 볶다가 다진 마늘, 홍고추, 대파를 넣고 볶는다.
4. 그릇에 담고 깨소금으로 마무리한다.

잠깐 버섯을 볶을 때는 수분이 다 날아갈 때까지 중간 불에서 계속 볶아주세요.
버섯의 쫄깃한 식감을 그대로 느낄 수 있답니다~

된장

Soybean Paste

메주로 간장을 담근 후
장물을 떠내고 남은 건더기로 만든 장

    우리나라 사람들이 외국에 나가 오래 머무를 때 가장 많이 생각나는 음식 중 하나가 된장이다. 뚝배기에 보글보글 끓는 된장을 보면 밥 생각이 절로 나고, 구수한 된장 냄새를 맡으면 어머니 생각, 고향 생각이 난다는 사람도 많다.
    그래서 흔히 된장의 맛과 냄새를 두고 우리나라를 대표하는 맛이요 냄새라고 말하기도 한다.

가을 추수가 끝난 후
쌀쌀해질 무렵

   팔남매 장손이신 할아버지를 모시는 장손 며느리인 어머니로 인해 집안 대소사를 도와야 했던 나는 부엌의 살림살이가 정말 하기 싫으면서도 어쩔 수 없이 매일 해야 하는 나의 일과였던 시절이 있었다.

   어릴 적 메주를 만들기 위해 콩을 삶는 일은 간식 먹는 재미로 인해 나에게는 너무나 신나는 일이었다. 가마솥에 콩을 삶을 때 아궁이 옆에서 중간중간 맛보는 삶은 콩은 고소하고 달달하여 그 어떤 간식보다 맛있었다. 그 삶은 콩이 간장과 된장이 되어 우리 집 반찬을 만드는 첫 양념이 되었다.

   처마 밑에 매달려 있는 메주에서 나는 냄새는 결코 맛있는 냄새가 아니었는데….

   잘 숙성되어 만들어진 된장이 구수하고 맛있는 냄새로 느껴지는 것은 나이를 먹게 되면서 점점 그 맛을 조금씩 알게 되기 때문인 것 같다.

   어른이 된 지금 돌이켜보면 어린 시절 집안일은 지금의 내가 요리를 잘 할 수 있게 된 원천이었고 부엌은 요리교육의 현장이었다. 이제는 기억과 추억을 더듬어 현대적인 지식으로 옛 음식을 만들어야 하는 과제를 가지고 있음에 나는 또 다른 무게와 책임감을 느낀다.

된장의 유래

"고구려에서는 장을 잘 빚는다."

중국의 『위지동이전』에 위와 같은 기록이 있는 것으로 보아 삼국 시대 이전부터 장을 먹어왔던 것으로 짐작된다. 우리의 장은 이웃 나라인 중국에도 전해져 중국인들이 우리나라 된장 냄새를 '고려취(高麗臭)'라고 불렀다는 기록도 있다.

또한 『삼국사기』에 보면 신라의 이바지 음식에 술이나 기름과 함께 메주가 등장하는데, 이것으로 보아 고구려 유민들이 발해를 세운 직후에 이미 메주가 발해의 명물로 널리 알려져 있었다는 것을 알 수 있다.

초기의 된장은 간장과 된장이 섞인 것과 같은 걸쭉한 형태의 장이었다. 삼국 시대에는 메주를 쑤어 몇 가지 장을 담그고 맑은 장을 떠서 썼으며, 고조선 시대에는 막장 같은 형태부터 시작하여 지금처럼 음식의 맛을 돋우는 조미료로 사용한 것으로 짐작된다.

오심(伍心) - 된장에 담긴 철학

- **단심(丹心) : 변하지 않는 마음**
  다른 음식과 섞여도 본래 맛을 잃지 않는다.

- **항심(恒心) : 정직한 마음**
  오래 두어도 맛이 변하지 않는다.

- **불심(拂心) : 욕망을 벗어나 가치를 판단하는 마음**
  비린내와 기름기를 없애준다.

- **선심(善心) : 선량하며 자비로운 마음**
  매운맛을 부드럽게 만들어준다.

- **화심(和心) : 화목한 마음**
  어떤 음식과도 조화를 이루며 자연과 동화된다.

된장의 발효

된장은 콩으로 빚은 메주를 띄워 오랫동안 숙성시킨 것이다. 이 발효 숙성기간 동안 고초균(바실러스균)과 공기 중에 존재하는 여러 균이 된장 특유의 맛과 향을 만드는데, 2~3년 사이의 된장이 가장 맛있고 영양가도 높다고 한다. 아무리 단기 숙성시킨다 하더라도 3개월은 거쳐야 하는데, 이는 메주와 된장에 자연적으로 피는 곰팡이 독이 이 시기가 지나야만 없어지기 때문이다.

된장의 주 발효균인 고초균(bacillus subtilis)은 된장을 구성하는 미생물 중 하나이며, 우리 몸 속의 암 촉진 물질을 감소시키고 유해물질을 흡착하여 몸 밖으로 배설시킨다. 편모운동을 하며 아포를 갖고 있어 저항력이 강하고 고온(50~56℃)에서도 잘 발육한다.

된장의 종류

된장은 무엇을 첨가하느냐에 따라 이름도 맛도 다르게 구분하고, 담그는 방법에 따라 재래된장, 개량된장, 혼합된장으로 구분한다. 맛에 따라, 지역 특성에 따라, 여러가지 기준에 따라 구분할 수 있다.

담그는 방법에 따른 분류

- **재래된장**

  메주로 담근 전통적인 된장

- **개량된장**

  쌀이나 보리에 국균(aspergillus)을 번식시켜 만든 누룩과 삶은 콩에 소금을 넣어 만든 된장

- **혼합된장**

  삶은 콩을 고초균(bacillus subtilis)으로 발효시켜 콩알 메주를 만들어 담근 된장

맛에 따른 분류

- **막된장**
  간장을 우려내고 난 부산물(메주)을 건져내어 치댄 다음 항아리에 넣고 숙성시킨 된장
  * 보통 된장이라 하면 막된장을 말한다.

- **막장**
  메주를 가루로 성글게 빻아서 간을 하고 단시일 내에 먹을 수 있도록 담근 된장(속성된장)

- **즙장**
  무, 고추, 배춧잎, 밀, 콩 등으로 쑨 메주를 띄워서 채소를 많이 넣고 담근 장
  * 줄줄 흐를 정도로 수분이 많으며 막장과 비슷하다.

- **토장**
  막된장, 메주, 소금물을 혼합하여 숙성시키거나 메주만으로 담은 된장을 상온에서 숙성시킨 장

- **담북장(담수장)**
  볶은 콩으로 메주를 쑤고 띄워서 말린 다음 소금을 부어 따뜻한 곳에서 삭힌 장
  * 단기간에 만들어 먹을 수 있고 된장보다 맛이 담백하다.

- **생황장**

  삼복 중에 콩과 누룩을 섞어 띄워서 담근 장

  * 누룩과 발효의 원리를 최대한 이용한 장이다.

- **청국장**

  햇콩을 삶아서 띄운 다음 생강, 마늘을 넣고 찧은 후 고춧가루와 소금을 넣어 익힌 장

- **청태장**

  마르지 않은 생콩을 시루에 삶고 쪄서 떡 모양으로 만든 다음 콩잎을 덮어서 담근 장

- **집장(거름장)**

  농촌에서 퇴비를 만드는 7월에 장을 만들어 퇴비 더미 속에 넣어 두었다가 꺼내 먹는 장

- **비지장**

  두유를 짜고 남은 콩비지로 담근 장

- **지레장(지름장, 찌검장)**

  햇장을 담그기 전까지 먹기 위해 담그는 장

  * 삼삼하게 쪄서 밥반찬으로 즐겨 먹는다.

- **팥장**

  팥을 삶고 뭉쳐서 띄운 다음 콩에 섞어서 담근 장

- **생치장**

  암꿩의 살코기만 다져서 초피가루, 생강즙, 간장으로 간을 맞추고 볶아서 담근 장

- **두부장**

  수분을 제거한 두부를 으깨어 간을 하고 양념을 한 후 베자루(포대)에 담아서 묻어 두고 한 달간 발효시킨 장

  * 사찰 음식의 하나로 해남 대흥사의 두부장이 유명하다.

지역 특성에 따른 분류

○ 서울·경기도 – 무 장

메주를 약간 작게 만들어 띄우고 항아리에 담아 물을 부어두면 2~3일 후 물이 우러나 둥둥 뜨는데, 이때 소금으로 간을 하고 덮어서 3~4일 동안 익혀서 먹는다.

* 동치미 무, 배, 차돌박이, 편육 등을 넣어서 먹는다.

- **충청도 – 예산 된장**

  보리쌀과 콩을 섞어 메주를 쑤고 띄운 다음, 메주가 뜬지 한 달 이상 지난 후 가루로 빻아서 찹쌀밥을 하고 간장으로 간을 하여 버무린다. 절인 오이, 고추, 가지, 마른 대하, 양지머리를 삶아 건진 것 등을 층층이 쌓으면서 항아리에 담은 후 뚜껑을 단단히 봉하여 말똥이나 퇴비 더미 속에서 삭힌다.

- **경상도 – 진양 된장, 밀양 된장**
- **진양 된장** : 불린 콩을 삶다가 맷돌에 간 밀을 얹어 다시 푹 익히고 주먹만 하게 빚은 다음 2~3일 동안 띄워서 말린다. 이것을 가루로 만든 다음 찹쌀풀과 엿기름 삭힌 것을 섞고 가지, 오이, 무, 우엉 등을 넣어서 봉한다. 볏짚이나 왕겨를 땐 잿더미 속에 묻어두고 익혀서 먹는다.
- **밀양 된장** : 콩을 삶다가 쌀가루와 밀가루를 섞어서 뜸을 들인 후, 주먹만 하게 빚고 띄워서 말린다. 이것을 가루로 만들어 두었다가 필요한 때에 풋고추, 가지, 무, 다시마, 전복 등을 넣고 익혀서 먹는다.

- **전라도 – 나주 된장, 전주 된장**
- **나주 된장** : 누룩을 띄워 가루를 내고 찐 찹쌀을 섞어서 하룻밤 재운 다음 가지, 오이, 고춧잎 등을 넣어서 퇴비 속에 묻어두고 익혀서 먹는다.
- **전주 된장** : 찹쌀로 밥을 질게 짓고 메줏가루와 엿기름가루를 섞은 다음 고추, 가지, 무, 고춧잎 등을 넣어 아랫목에서 익혀서 먹는다.

- **제주도 – 조피장**

  조피나무(초피나무) 잎을 잘게 썰어 된장에 버무리고 오지그릇에 꾹꾹 눌러 담아 두었다가 이틀쯤 지난 후에 먹는다.

된장의 효능

우리나라의 전통 발효식품인 된장의 주원료는 콩이다. 콩은 밭에서 나는 쇠고기라고 부를 만큼 단백질, 지방이 풍부하여 영양가도 높고 기능이 뛰어난 식품이다. 특히 콜레스테롤의 염려가 없는 식물성 단백질이 다량 함유되어 있어 동맥경화, 심장질환이 염려되는 사람도 먹을 수 있으며, 혈액의 흐름을 원활하게 하는 효과도 있다.

된장은 이러한 콩으로 만들어져 과거 선조들로부터 전해 내려오는 한국 고유의 전통 먹거리이며, 뛰어난 맛과 여러 가지 효능으로 많은 사랑을 받아오고 있는 최고의 건강식품이다.

O 된장의 효능

치매 예방	고혈압 예방	골다공증 예방
노화 방지	뇌졸중 예방	심장병 예방
항암 효과	간기능 강화	면역증강 효과
해독 작용	비만·변비 예방	기미·주근깨 억제

전통된장 담그기 A

보통 양력 12월 초·중순쯤 김장을 하고 난 후에 담그기 시작한다.

○ 대두 선별 및 세척하기

1. 노란 메주콩을 사용하며, 국내산 대두는 알이 굵고 깨끗하다. 콩은 일반적으로 알이 작으면 작을수록 유지 함량이 높다.
2. 대두를 거품이 나지 않을 때까지 여러 번 깨끗이 세척한다.
3. 원료에 함유된 이물질과 파손된 콩을 골라낸다.

○ 콩 불리기

콩 부피의 약 2.3배 이상이 되는 깨끗한 물에 12시간 정도 불린다.

○ 콩 삶기

1. 불린 콩과 물을 가마솥에 넣고 콩이 물러질 때까지 삶는다.
2. 콩이 넘치지 않을 정도로 강한 불에서 삶다가 1시간 이후부터는 약한 불에서 뜸들이듯이 서서히 삶는다.

> **Tip 콩 삶을 때 대두 : 물의 비율**
> - 불린 콩(10시간) ➡ 1 : 0.8
> - 불리지 않은 콩 ➡ 1 : 1.8

> **Tip 콩 삶기**
> 콩을 불린 후 삶으면 영양이 파괴되므로 불리지 않고 먼지만 씻어서 솥에 삶는 것이 좋다.

○ 메주 만들기
1. 찐 콩은 온도가 떨어지기 전에 재빨리 건져내어 깨끗한 방아에 놓고 찧는다. 콩이 중간중간 보이고 크기가 1/3 정도가 될 때까지 찧는다.
2. 찧은 즉시 메주 틀에 넣고 메주 위에 올라가 발로 밟는다.
3. 메주는 보통 2.5~3kg 정도의 사각형 모양으로 만들고 햇볕에 2~3일 정도 건조시킨다.

○ 볏짚으로 매달기
1. 따뜻하고 온도 변화가 적은 토방에 1개월 정도 매달아 놓는다.
2. 1개월 후 공기 순환이 잘 되는 마루에 1~3개월 정도 매달아 놓는다.
3. 메주 표면과 균열된 내부에 노란 황국균이 번식하여 포자가 보이고 청국장 비슷한 냄새가 나면, 메주를 띄운 이상적인 형태가 된다. 즉, 메주가 효소덩어리가 된 것이다.
4. 보통 2~3월까지 메주를 띄우는데, 초기에는 하얀 실 같은 균사가 생기다가 나중에는 노랗거나 녹색인 곰팡이 포자가 생긴다.

> **Tip 메주 건조**
> 메주 겉은 말라서 균열이 생기고 속은 마르지 않은 상태가 되도록 건조시킨다.

○ 메주 씻기
1. 노랗게 곰팡이가 생긴 메주는 항아리에 그냥 넣지 않고 햇볕에서 일광살균을 한다.
2. 곰팡이의 노란 포자가 떨어질 때까지 연한 소금물에 씻는다. 이것이 메주에 있는 곰팡이의 독을 제거하는 과정이다.

○ 소금물 준비하기

1. 천일염을 사용하고 끓인 물 : 소금을 4 : 1의 비율로 넣는다.
2. 하루 정도 방치한 후 천일염에서 나온 찌꺼기를 제거한다.

○ 메주 넣기

1. 늦겨울, 초봄에 띄운 메주를 소금물에 넣는다.
2. 짚에 불을 붙여 항아리 내부를 살균한 다음, 만들어 놓은 소금물과 메주를 항아리에 조심스럽게 넣는다.
3. 메주는 양파 망이나 그물 간격이 좁은 망에 담아서 항아리에 넣어야 간장과 된장을 분리할 때 부서지지 않도록 된장을 잘 건져낼 수 있다.
4. 붉은 고추와 뜨거운 숯을 넣고 망을 끼워 항아리 뚜껑을 닫는다.

> **Tip 소금물의 농도**
> 소금물에 날달걀을 넣었을 때 수면 위로 떠올라 노출되는 부분이 500원 짜리 동전 크기일 때가 좋다.

○ 소금물 만들기

1. 소쿠리에 헝겊을 깔고 간수된 소금을 담은 후, 깨끗한 약수물이나 하루 또는 이틀 전에 받아 둔 수돗물을 붓는다.
2. 간장과 된장이 쉽게 변하지 않고 오래 두고 먹을 수 있도록 소금이 녹지 않을 정도의 소금물을 준비하는 것이 중요하다.
3. 소금을 녹인 후 하루 정도 두면 소금물의 찌꺼기가 완전히 가라앉는다.

> **Tip 소금물 만들기**
> 면이나 삼베 보자기에 많은 양의 소금을 넣어 소금물에 담그면 소금이 더 이상 녹지 않을 때가 있다. 그때 소금 주머니를 건져낸다.

○ 메주 재우기

1. 찌꺼기가 가라앉은 소금물을 조심스럽게 떠서 메주를 담아 놓은 항아리에 붓는다.
2. 소금물의 양은 메주콩 14kg에 소금물 30L 정도가 적당하다.
3. 된장을 묵힌다. 된장은 오래 묵을수록 맛있고 약이 된다.

○ 장 가르기 후 전통된장 만들기

1. 간장과 된장을 분리하고 남은 메주에 간장물을 섞고 덩어리를 살짝 치대면서 항아리에 꾹꾹 눌러 담는다.
2. 웃소금을 1cm 정도의 두께로 골고루 뿌린다.
3. 얇은 헝겊으로 밀봉한다. 낮에는 뚜껑을 열어 햇볕을 쬐게 하고 밤에는 뚜껑을 닫는다.
4. 2차 숙성 후 6개월 이후부터 사용한다. 콩 부피의 약 2.3배 이상이 되는 깨끗한 물에 콩을 12시간 정도 불린다.

> **Tip**
> 소나무 꽃가루가 장 발효에 긍정적인 영향을 준다고 하여, 간장이나 된장 맛이 유명한 집 주변에는 항상 소나무 숲이 있었다고 한다.

전통된장 담그기 B

재료
메주 재료 : 콩 10kg, 물 18L
장담그기 재료 : 메주 8kg, 소금(천일염) 6~7kg, 물 25L, 고추 9개, 숯 3개, 대추 15개, 참깨 약간

○ 항아리 준비하기
1. 항아리를 깨끗이 씻어서 엇비슷하게 세운다.
2. 청솔가지나 볏짚, 한지 등을 태워 뜨거운 공기나 연기가 항아리 속으로 들어가 소독이 되도록 한다.

○ 메주 씻기 - 세척
1. 메주는 솔로 깨끗이 털어 물에 씻고 곰팡이와 불순물을 제거한다.
2. 작게 쪼개어 햇볕에 말리면서 일광소독을 한다.

○ 물, 소금물 준비하기
1. 물은 팔팔 끓여서 미리 식혀 놓는다.
2. 소금은 보통 천일염을 사용하고 끓인 물 : 소금을 4 : 1~1.2의 비율로 넣는다.
3. 하루 정도 방치한 후 천일염에서 나온 찌꺼기를 제거한다.

> **Tip 항아리 준비**
> 된장이 항아리 끝까지 차 있어야 햇볕을 많이 받고 온도가 균일하여 발효가 잘 된다. 양에 비해 너무 큰 항아리는 좋지 않다.

○ 메주 재우기
1. 장독에 메주를 차곡차곡 넣는다.
2. 메주가 잠길 정도로 식힌 물을 붓고 잘 눌러서 30일 정도 재운다.

○ 메주 풀기
1. 30~40일 정도 지나 숙성이 되면 장물이 촉촉하게 생기고 메주가 부드럽게 불려진다.
2. 메주를 건져 큰 그릇에 담고 손으로 주무르면서 고슬고슬하게 풀어준다. 이때 너무 치대거나 주무르면 떫고 끈끈해진다.

○ 보리죽 쑤기(또는 콩 삶기)
1. 보리를 씻어서 8시간 정도 물에 불리고 보리죽을 쑨다.
2. 한 김 나가면 소금을 넣어 간을 한 다음, 분량의 메줏가루를 넣고 저으면서 섞는다.

○ 반죽하기
1. 보리죽 또는 메줏가루를 넣고 손으로 고루 섞는다.
2. 간장물로 간을 맞춘다.

○ 된장 숙성시키기 – 익히기
1. 살균된 장독에 꾹꾹 눌러가며 된장을 넣는다.
2. 된장의 상층부를 잘 마무리하여 공기가 들어가지 않도록 누르고, 깨끗한 위생 비닐이나 랩을 사용하여 된장과 밀착시켜 덮는다.
3. 그 위에 1cm 두께로 소금을 뿌린다.
4. 빠르면 2개월부터 먹을 수 있으나 5개월 정도 숙성시켜야 더욱 깊은 맛이 생긴다.

> **Tip** 장 담는 시기에 따라 물과 소금의 비율을 달리 한다. 소금은 물 20L를 기준으로 음력 정월 장은 6kg, 2월 장은 8kg, 3월 장은 10kg이 기본이다.

메주로 된장 담그기

재료 메주 7.2kg, 물 15L, 소금 1kg

1. 메주를 솔로 박박 문질러 물에 깨끗이 씻고 적당히 쪼개어 햇볕에 말린다.
2. 소금을 물에 풀고 체에 밭쳐 맑은 소금물을 준비한다.
3. 준비한 메주를 항아리에 차곡차곡 담는다.
4. 메주가 잠길 정도로 자작하게 물을 붓고 꾹꾹 눌러 한 달 정도 둔다.
5. 한 달 후 메주가 부서지기 쉬울 정도로 부드럽게 되면 메주를 고루 주물러 덩어리가 없게 한다.
6. 층층이 소금을 뿌려서 담은 후 봉해서 익힌다. 낮에는 뚜껑을 열고 밤에는 뚜껑을 닫는다.

Tip 된장을 담고 남은 간장에 마늘, 오이, 더덕, 깻잎 등을 넣고 눌러 두었다가 알맞게 간이 들면 된장, 고추장에 넣고 장아찌를 만들어 먹으면 좋다.

저염 된장 담그기

재료 묵은 된장, 메주콩

1. 메주콩을 깨끗이 씻어 하루 동안 충분히 물에 불린다.
2. 압력솥에 메주콩을 넣고 30분 동안 삶는다.
3. 삶은 콩을 으깨어 사기그릇에 담고 묵은 된장과 나무주걱으로 섞는다.

Tip 스테인리스 같은 제품을 사용하여 섞으면 유산균이 죽기 때문에 사기그릇과 나무주걱을 사용한다.

이영순표 된장(간장) 담그기

재료
메주 재료 : 콩 10kg, 물 18L
장담그기 재료 : 메주 8kg, 소금(천일염) 6~7kg, 물 25L,
고추 9개, 숯 3개, 대추 15개, 참깨 약간

1. 메주를 만들기 위해 콩:물을 1:1.2의 비율로 넣는다.
2. 콩을 씻고 가마솥에서 약한 불로 장시간 은근하게 삶다가 끓으면 불을 낮춘다. 뚜껑 위에 김이 날 때마다 물을 뿌리는데, 이는 물이 넘치는 것을 막고 온도를 고르게 유지하기 위해서이다.
3. 삶은 콩을 절구에 찧거나 비닐에 넣어서 발로 밟거나 기계로 으깬다.
4. 메주는 1kg 정도의 크기로 만들어 14일 동안 바닥에서 말린 다음 한옥 지붕의 처마 끝에 매달아 놓는다. 40~50일 정도 숙성 및 건조시킨 후, 25~30℃ 황토방에서 1주일간 담요를 덮어서 숙성시킨다.
5. 메주를 솔로 문질러 깨끗이 씻고 1~2일 정도 말린다.
6. 물 20L에 소금 9~11kg을 넣어서 물에 가라앉히는데, 염도를 맞추고 불순물을 제거하기 위해 1~2일 정도 둔다. 이때 3년 정도 간수를 뺀 소금을 사용한다.
7. 마른 메주를 망에 담아 항아리에 넣는다. 가라앉힌 소금물을 부을 때 고운 천에 올려 불순물을 한 번 더 제거한다.
8. 메주가 뜨지 않도록 대나무를 십자 모양으로 눌러주고 고추, 숯, 대추, 참깨 등을 넣는다.
9. 맛있게 숙성된 간장을 2L 정도 부어서 숙성이 잘 되도록 한다.
10. 1차 숙성되고 있는 간장과 된장은 5개월 정도 되면 분리한다.
11. 분리한 간장과 된장은 각각 5~6개월 정도 더 2차 숙성시킨 후 사용한다.

> **Tip** 장은 주로 말날이나 손 없는 날에 담그며 뱀날이나 용날에는 담그지 않았지만, 요즘은 계절이나 날짜에 상관없이 편리한 날 담근다.

보리된장 담그기

재료 메주 7.2kg, 물 15L, 보리쌀 320g, 메줏가루 360g, 소금 1kg

1. 메주를 솔로 박박 문질러 깨끗이 씻고 여러 조각으로 쪼개어 햇볕에 말린다.
2. 물을 팔팔 끓여 식힌다.
3. 말린 메주를 항아리에 차곡차곡 넣고 메주가 잠길 정도로 식힌 물을 자작하게 부은 다음, 꾹꾹 눌러서 재운다.
4. 10일 정도 지난 후 큰 그릇에 쏟고 손으로 주물러 고슬고슬하게 풀어 놓는다.
5. 보리쌀을 깨끗이 씻어 8시간 정도 물에 담가 두었다가 보리죽을 쑤어 한 김 나가면 소금을 넣어 간을 한 다음, 분량의 메줏가루를 넣고 잘 저어서 섞는다.
6. 4에 5를 넣고 손으로 고루 섞어서 잘 혼합한다. 이때 싱거우면 소금을 더 넣어 간을 맞춘다.
7. 된장 사이사이에 말린 통고추를 넣고 꾹꾹 눌러 항아리에 담는다.
8. 맨 위에 웃소금을 뿌려 봉한다.

Tip 된장을 만들 때 처음부터 소금물을 넣기보다는 끓여서 식힌 물로 메주를 부드럽게 불린 다음, 나중에 소금을 넣어야 맛이 좋다.

된장 55

🍴 두부 된장 스테이크

재료: 두부 1모, 양파 1/4개, 새송이버섯 1/2개, 마른 고추 1개, 식용유·소금·후춧가루 약간씩

된장 소스: 물 1/4컵, 된장 2큰술, 청주 2큰술, 조청 1큰술, 들기름 1작은술, 깨소금 약간

1. 두부는 1cm 두께로 잘라 물기를 제거하고 소금과 후춧가루로 간을 한다. 마른 고추는 1cm 길이로 자르고 양파와 버섯은 굵게 채썬다.
2. 팬에 기름을 두르고 마른 고추를 볶다가 향이 나면 양파와 버섯을 넣고 볶는다. 양념을 넣고 윤기가 나도록 조린다.
3. 두부는 팬에 식용유를 두르고 앞뒤로 노릇노릇하게 구워서 준비한 소스를 뿌린다.

잠깐 소스를 만들 때 물 대신 표고버섯이나 다시마 육수를 사용하면 더욱 감칠맛이 난답니다~

🍴 된장 고구마 줄기찜

 고구마 줄기 500g, **청 · 홍고추** 1개씩, **조갯살** 50g, **들기름** 약간

 다시마 육수 1/2컵, **된장** 2큰술, **발효청** 1큰술, **다진 마늘** 1작은술

> 잠깐 마지막에 들깻가루를 조금 넣어 주면 맛이 더욱 풍부해진답니다.

1. 고구마 줄기는 연한 것으로 준비하고 껍질을 벗겨 끓는 물에 소금을 넣고 데친다.
2. 찬물에 헹군 다음 먹기 좋은 크기로 자른다.
3. 조갯살은 연한 소금물로 씻어서 다지고 청고추, 홍고추도 다진다.
4. 팬에 들기름을 두른 후 다진 조갯살을 넣고 볶은 다음 데친 고구마 줄기를 넣고 볶다가 양념을 넣고 끓인다.
5. 고구마 줄기에 양념이 배어들면 다진 고추를 넣고 그릇에 담는다.

된장 리조또

재료 쌀 1.5컵, 데친 숙주 100g, 데친 얼갈이 100g, 청·홍고추 1/3개씩, 물 4컵, 된장 1큰술, 화이트와인 2큰술, 올리브유 2큰술, 참기름 1큰술, 소금·후춧가루 약간씩

1. 쌀은 씻어서 체에 밭쳐 물기를 빼고 숙주, 얼갈이, 청고추, 홍고추, 양파를 다진다.
2. 따뜻한 물에 된장을 푼다.
3. 참기름과 올리브유를 두른 냄비에 다진 양파를 볶다가 쌀을 넣고 윤기 나게 볶는다. 화이트와인을 넣고 다시 한 번 볶는다.
4. 된장을 푼 물에 쌀알이 잠길 정도로 부은 후 중간 불에서 저으면서 끓인다.
5. 자작해지면 된장을 푼 물을 한 국자씩 더 넣고 끓이다가, 한 국자 정도 물이 남았을 때 준비한 야채들을 넣고 소금과 후춧가루로 간을 한다.

잠깐 된장 리조또는 기호에 맞게 오이피클, 고추피클, 단무지와 함께 드시면 좋아요.

🍴 된장 고추무침

1. 풋고추는 깨끗이 씻어서 물기를 제거하고 어슷하게 썰어 놓는다.
2. 분량의 양념을 섞어서 준비한다.
3. 준비한 재료들을 볼에 넣고 무친 다음 마지막에 통깨를 넣고 마무리한다.

 풋고추 10개

 된장 2큰술, **마요네즈** 1큰술, **땅콩버터** 1큰술, **통깨** 약간

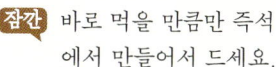 바로 먹을 만큼만 즉석에서 만들어서 드세요.

🍴 된장 불고기

재료 돼지고기 불고깃감 300g, 청·홍고추 1개씩

양념 1차 양념 : **발효액** 2큰술, **청주** 1큰술, **다진 생강** 1/2작은술, **후춧가루** 약간
2차 양념 : **된장** 2큰술, **다진 마늘** 1작은술

1. 돼지고기는 먹기 좋은 크기로 잘라서 1차 양념을 해 두었다가 2차 양념을 하여 간이 배어들도록 한다.
2. 청고추, 홍고추는 굵게 다진다.
3. 달군 팬에 양념한 고기를 볶다가 다진 청고추, 홍고추를 넣고 볶아서 접시에 담는다.

> **잠깐** 숯불에 구우면 숯 향이 더해져 맛이 더욱 좋아져요~

🍴 된장 추어탕 수제비

재료 미꾸라지 500g, 데친 얼갈이배추 200g, 데친 숙주 100g, 데친 머윗대 100g, 청·홍고추 2개, 방아 잎 100g, 수제비 반죽 200g, 생강 1쪽, 소금·후춧가루 약간씩

양념 된장 3큰술, 국간장 1큰술, 다진 마늘 2큰술, 다진 양파 2큰술, 후춧가루 약간

1. 미꾸라지에 굵은 소금을 뿌리고 호박잎으로 문질러 찬물에 여러 번 씻은 다음, 냄비에 미꾸라지와 생강 한쪽을 넣고 끓인다.
2. 미꾸라지가 푹 익으면 생강을 건져내고 미꾸라지는 식혀서 믹서에 곱게 간 다음, 삶은 물과 함께 체에 거른다.
3. 홍고추와 청양고추는 다진다.
4. 데친 얼갈이배추, 숙주, 머윗대(머위 줄기)를 먹기 좋은 크기로 잘라서 분량의 양념과 다진 고추를 넣고 조물조물 버무린다.
5. 냄비에 미꾸라지 간 것을 넣고 끓이다가 4의 재료들을 넣는다.
6. 한소끔 끓으면 수제비 반죽한 것을 떼 넣고 끓이다가 소금과 후춧가루로 간을 한다.

잠깐 취향에 따라 방아 잎이나 산초가루를 넣어 먹으면 추어탕을 맛있게 즐길 수 있어요. 경상도 지방에서는 방아와 산초가루를 즐겨 먹는 편이랍니다~

고추장

Red Chili Paste

쌀·보리 따위로 질게 지은 밥이나 되게 쑨
죽에 메줏가루·고춧가루·소금을 섞어
만든 붉은 빛깔의 매운 장

스트레스가 쌓이고 입맛이 없는 여름철에는 나물이나 시원하게 담근 열무 또는 얼갈이김치에 매콤한 고추장을 넣고 들기름을 둘러 쓱쓱 비벼서 한입 먹고 나면 스트레스가 저절로 풀리는 것 같다.
고추장은 입맛 돋우기에 참 좋은 양념 중 하나이다.

집안에 자손이 번성하기를 바라는 마음은 누구나 같다

가족들의 바람에 힘입어 어머니께서 나를 임신하셨을 때, 그때는 먹고 싶은 것은 많지만 먹을 것이 별로 없던 시절이었다. 그나마 쉽게 먹을 수 있었던 것이 고추장이었다.

한번은 어머니께서 부엌에서 몰래 고추장을 드시다가 그 모습을 지켜보시던 시어머니께 야단을 들으셨다고 한다. 그 당시는 정말 서럽고 속상했는데, 먹거리가 풍족한 지금 생각해 보면 그 기억이 오히려 오랫동안 아련한 추억으로 남아 있다고 말씀하신다.

어머니께서 나를 임신하셨을 때 고추장을 자주 드셨기 때문인지 나는 유독 다른 음식보다 고추장을 좋아한다. 그래서인지 현재 고추장에 대한 연구와 강의도 많이 하고 있다.

홍합고추장, 호박고추장, 기관지고추장, 쌍화탕고추장, 구선왕도고 고추장 등의 연구를 통해 새로운 레시피를 개발하였고, 특히 홍합고추장은 특허 출원도 하였다.

고추장은 임신 때문에 매스꺼운 입맛을 바로 잡을 만큼 옛날부터 우리들의 오랜 스트레스를 해소하는 양념일 뿐만 아니라 다양한 요리에 많이 이용되고 있다.

고추장의 유래

고추장은 전통 장류 중 우리 식생활에 가장 늦게 도입된 것으로, 16세기 이후 고추가 우리나라에 들어오면서 개발되어 우리 식생활에 큰 변화를 가져왔다. 우리 민족이 스스로 일구어낸 독창적이고 고유한 향신 조미료의 하나이다. 고추가 전래되기 전에는 산초(山椒), 천초(川椒), 호초(胡椒) 등을 이용하여 매운 맛을 내는 것을 '초장(椒醬)'이라 하였으나 고추가 들어오면서 '고추장'으로 부르게 되었다.

'고추'는 임진왜란 전후로 우리나라에 전해졌다고 하는데, 임진왜란 때 우리 민족을 독살시키기 위한 수단으로 들어왔으나 우리 민족의 체질에 맞아서 오히려 즐겨 먹게 되었다는 기록이 있다. 후추와 비슷한 매운 맛을 가졌다고 하여 '매운 후추'라는 의미로 붙여진 이름이다.

고추가 우리나라에 들어온 이후 고추 재배의 보급이 일반화되면서 고추장이 만들어지기 시작하였으며, 된장을 만드는 콩 가공 기술과 새로운 고추라는 식품이 만나게 되면서부터 그 시대의 퓨전음식이 되었다고 볼 수 있다.

고추장의 종류

○ **찹쌀고추장**
　찹쌀가루에 엿기름, 메줏가루, 고춧가루 등을 넣고 소금으로 간하여 담근 고추장　＊ 초고추장을 만들거나 색을 곱게 낼 때 사용한다.

○ **밀가루고추장**
　밀가루를 엿기름물로 풀어 두었다가 노릇하고 맑게 될 때까지 달인 후 메줏가루, 고춧가루, 소금을 넣어 담근 고추장
　＊ 찌개나 무침, 장아찌 등을 만들 때 쓰며 가장 손쉽게 담글 수 있다.

○ **멥쌀고추장**
　찹쌀고추장에 멥쌀을 넣어 담근 고추장

○ **보리고추장**
　보리쌀을 가루 내어 찌고 띄운 후 하얀 곰팡이가 폈을 때 고춧가루, 메줏가루를 넣고 소금으로 간하여 담근 고추장
　＊ 엿기름을 사용하지 않는 것이 특징이다.

○ **수수고추장**
　소금물과 수숫가루로 죽을 쑨 다음 메줏가루, 엿기름가루, 고춧가루를 넣고 소금으로 간하여 담근 고추장

○ **팥고추장**
　멥쌀을 찌고 콩과 팥을 푹 삶아 절구에 찧어서 반대기(얇고 둥글넙적하게 만든 조각)를 만들어 담근 고추장

○ **마늘고추장**
　찹쌀가루, 다진 마늘, 누룩, 고춧가루를 넣어 담근 고추장

○ **약고추장**
　고추장에 물엿, 황설탕, 끓인 엿기름물을 넣어 윤기 나게 담근 고추장　＊ 육회를 찍어먹거나 비빔밥에 넣어 먹는다. '엿꼬장'이라고도 한다.

- **고구마고추장**

    삶은 고구마에 엿기름을 넣어 삭힌 것을 삼베자루에 넣어 짜고, 이 물을 엿 달이듯이 조리면서 고춧가루, 메줏가루, 소금을 넣고 담근 고추장

    ※ 주로 경상도 화전민이 모여 사는 마천이라는 곳에서 담근다.

- **무거리고추장**

    메줏가루를 만들고 남은 무거리, 보릿가루, 엿기름가루, 고춧가루를 넣어 담근 고추장

    ※ 주로 찌개용 고추장으로 쓰이며 맛이 새콤하고 달다.

- **대추 찹쌀고추장**

    대추, 찹쌀가루, 메줏가루, 고춧가루를 넣어 담근 고추장

- **인삼고추장**

    고추장에 인삼가루를 넣어 담근 고추장

    ※ 인삼의 맛과 향이 더해져 구수한 맛까지 있는 영양이 강화된 식품이다.

고추장의 효능

고추에는 베타카로틴, 비타민 B, 비타민 C, 소량의 칼슘, 인, 철분 등이 다량 함유되어 있다. 이러한 성분들은 신체 조직의 면역력을 높여 소화기 계통의 질병을 예방한다.

고추에 있는 비타민 P는 비타민 C가 열과 공기 중에서 쉽게 파괴되는 것을 막아 주는데, 고추를 고추장으로 담그면 숙성 과정에서 비타민 C가 어느 정도는 파괴된다. 하지만 간장이나 된장보다는 고추장의 비타민 C 함량이 훨씬 높다. 또한 빨간 고추의 매운맛을 내는 캡사이신은 위액 분비를 촉진시키며 위 건강에 도움이 된다.

○ 고추장의 효능

면역 효과	항비만 효과
항암 효과	항혈전 효과
항산화 효과	항스트레스 효과
소화 촉진	혈액순환 촉진

고추장 담그기

 재료 물 1L, 소금 180g, 쌀 375g, **고춧가루** 250g, **메줏가루** 83g, **쌀누룩** 375g

1. 쌀, 고춧가루, 메줏가루, 소금을 준비한다.
2. 황국을 이용하여 쌀누룩을 만든다.
3. 쌀과 쌀누룩을 각각 곱게 가루로 만들어 혼합한다.
4. 3에 분량의 물(끓여서 식힌 물, 정제수 등)을 붓고 잘 섞는다.
5. 4에 고춧가루, 메줏가루, 소금을 혼합한다.
6. 소독한 항아리에 고추장을 담는다.
7. 20℃에서 2달 정도 익히면 맛있게 먹을 수 있다.

Tip 고추장은 10월부터 다음해 2월 사이, 즉 추울 때 담가야 제 맛이 난다.

밀가루고추장 담그기

 재료 밀가루 2.7kg, **고춧가루** 1.5kg, **메줏가루** 1kg, **엿기름가루** 500g, 소금 1kg, 물 6L

1. 밀가루로 풀을 쑤어 60℃ 정도로 식힌다.
2. 식혜를 만들 때와 같은 방법으로 엿기름물을 만들고 체로 거른다.
3. 밀가루죽과 엿기름물을 오지그릇에 담아 섞은 다음 뚜껑을 덮고 30분 정도 삭힌다.
4. 단맛이 나면 메줏가루와 고춧가루를 고루 섞은 다음 소금을 여러 번 나누어 간을 한다.

찹쌀고추장 담그기

재료 찹쌀가루 500g, 고춧가루 1.2kg, 메줏가루 600g, 엿기름가루 900g, 물 6L, 소금 500g

1. 찹쌀을 깨끗이 씻고 물에 12시간 정도 불려서 가루로 빻는다.
2. 분량의 물을 끓여서 45~60℃(따뜻한 정도)로 식힌 후 엿기름가루를 풀어 잠시 두었다가 손으로 주무르고 체에 거른다. 건더기는 꼭 짜서 버리고 엿기름물은 가라앉힌다.
3. 엿기름물의 맑은 웃물만 큰 솥에 붓고 찹쌀가루를 곱게 푼 다음, 불에 올려 45℃(따뜻한 정도)가 되면 불을 끄고 내려놓는다. 30분 정도 지나면 찹쌀가루가 삭아서 묽어진다.
4. 다시 불에 올리고 한소끔 끓으면 불을 약하게 하여 1/3 정도가 될 때까지 조린다.
5. 넓은 그릇에 쏟아서 식힌 후 메줏가루, 고춧가루를 넣고 고루 섞어서 하룻밤 둔다.
6. 다음날 분량의 소금을 넣고 고루 저어 간을 맞춘다. 소금은 고추장 담그는 시기에 따라 더 넣기도 하고 덜 넣기도 한다.
7. 항아리에 고추장을 80% 정도 담고, 위에 웃소금을 뿌린 다음 얇은 헝겊이나 망사를 덮어서 햇볕에 놓고 숙성시킨다.

보리고추장 담그기

 재료 보리쌀 3.2kg, 고춧가루 240g, 간장 1.8kg, 물 1L, 설탕 500g, 소주 1홉, 시판 코지(koji) 1봉

1. 보리쌀을 하루 정도 물에 불린 후 시루에 찐다.
2. 찐 보리쌀은 1시간 30분 정도 식힌 후 코지균을 고루 혼합하고 널어서 띄운다. 코지는 18~22℃가 적정 온도이며 14시간 동안 덮어두면 노란색 황국균이 생긴다.
3. 황국균이 생기면 2를 빻아서 가루로 만들고 간장, 설탕물, 소주 순으로 고루 섞은 다음 40분간 끓인다.
4. 1시간 정도 식힌 후 고춧가루를 넣고 싱거우면 소금으로 간을 한다.

대추 찹쌀고추장 담그기

재료 찹쌀 3.2kg, 대추 3kg, 메줏가루 1kg, 고춧가루 1.8kg, 엿기름 1.5kg, 메주콩 1.5kg, 찹쌀 300g, 소금·물 적당량

1. 메주콩을 5시간 정도 불려 푹 삶고 하루 정도 더운 곳에 두어 살짝 발효시킨 다음 햇볕에 말린 후 빻는다.
2. 찹쌀은 5시간 정도 불렸다가 고들고들 쪄서 햇볕에 말린 후 빻는다.
3. 고추도 잘 씻어서 햇볕에 말린 후 빻는다.
4. 엿기름은 물에 담가 불린 후 2.5L 정도 될 때까지 체에 걸러 받친다.
5. 대추는 3~4시간 고아서 체에 으깨고, 걸러서 씨와 겉껍질만 남도록 받친다.
6. 4, 5의 물을 배합하여 3L 정도가 될 때까지 4시간 정도 조린다.
7. 찹쌀은 5시간 정도 불려서 빻은 다음 경단을 만들어 끓는 물에 삶아서 건져 놓는다.
8. 찹쌀 경단을 치대어 풀면서 6의 물을 넣는다.
9. 찹쌀 경단이 잘 풀렸으면 고춧가루와 메줏가루를 넣고 섞은 후 소금으로 간을 하여 항아리에 넣는다. 간을 할 때 간장을 조금 넣으면 빛깔이 더욱 좋아진다.
10. 항아리를 햇볕이 잘 드는 곳에 둔다.

고구마고추장 담그기

재료 고구마 4kg, 고춧가루 500g, 엿기름 · 메줏가루 · 소금 2컵씩

1. 고구마는 껍질을 벗겨 무르도록 삶는다.
2. 삶은 고구마를 잘게 으깨고 30℃ 정도로 식힌 후 엿기름물을 걸러서 붓는다.
3. 엿기름을 부은 고구마는 따뜻한 곳(30℃)에서 12시간 정도 삭힌다.
4. 고구마가 삭으면 솥에 넣고 잘 저어가며 끓여서 묽은 엿이 되도록 한다.
5. 한 김 나간 후 메줏가루, 고춧가루, 소금 등을 넣어 간을 한다.

떡메주고추장 담그기

재료 찹쌀 4kg, 떡 메줏가루 1.2kg, 고춧가루 2kg, 물 1.2kg, 소금 1.6kg, 간장 1.6kg

1. 고추장 담그기 전날 물을 팔팔 끓여서 식힌 후 메줏가루를 풀어 놓는다.
2. 찹쌀은 6시간 이상 물에 충분히 불린 후 시루에 푹 쪄서 절구에 넣고 치댄다.
3. 찧은 인절미에 1을 넣어가며 혼합하면 삭아서 걸쭉하게 된다.
4. 인절미가 삭으면 고춧가루를 넣는다.
5. 나무주걱으로 2~3일 동안 저으면서 소금과 간장으로 조금씩 간을 한다.

Tip 소금을 한 번에 넣지 않고 매일 조금씩 저어가며 넣으면 감미가 서서히 더해진다.

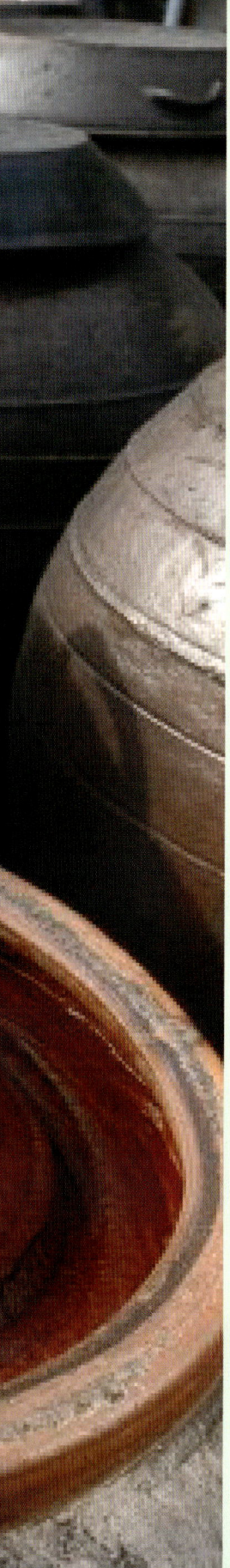

마늘고추장 담그기

재료 찹쌀 4kg, 마늘 50통, 고춧가루 3kg, 대추 6kg, 소금 1.2kg, 메줏가루 6kg, 고추장 메줏가루(메주콩 4.5kg, 찹쌀 3.2kg, 메줏가루 6kg)

1. 고추장 메줏가루를 만든다. 메주콩을 하루 정도 불렸다가 푹 삶아 더운 곳에 놓고 1~2일 정도 띄워서 햇볕에 말린 다음 빻는다.
2. 찹쌀은 5시간 정도 담갔다가 고두밥을 찐 다음 말려서 빻는다.
3. 엿기름은 물에 불려 체에 밭치고, 대추는 4시간 정도 푹 삶아서 체에 밭쳐 거른 다음, 엿기름과 배합하여 4L 정도가 될 때까지 3~4시간 조린다.
4. 찹쌀을 5시간 정도 불린 후 빻아서 경단을 만들고 끓는 물에 삶아서 건진다. 3의 재료와 섞어서 완전히 푼 다음 식힌다.
5. 마늘을 곱게 갈고 4의 재료와 고춧가루, 메줏가루, 고추장 메줏가루를 잘 섞은 후 소금으로 간을 한다.
6. 항아리에 담고 소금을 살짝 뿌려 햇볕이 잘 드는 곳에서 익힌다.

호박고추장 담그기

재료 늙은 호박 8kg, 고춧가루 3kg, 엿기름 4.5kg, 메줏가루 2kg, 소금 1.2kg

1. 엿기름은 하루 전날 불려서 자루에 넣고 여러 번 치대어 엿기름물을 우려낸다.
2. 호박은 껍질과 씨를 빼고 납작하게 썰어서 엿기름물을 넣고 약한 불에서 조청처럼 될 때까지 끓인다.
3. 끓으면 한 김 나간 후 메줏가루, 고춧가루, 소금을 섞는다.
4. 항아리에 꾹꾹 눌러 담고, 위에 황설탕을 솔솔 뿌려 햇볕이 잘 드는 곳에서 익힌다.

이영순 특허 고추장(홍합고추장) 담그기

재료: 고춧가루 600g, 조청 300mL, 각종 발효청 300mL, 국간장 300mL, 맑은 액젓 200mL, 청국장가루(샘가루, 보릿가루, 메줏가루 등) 100g, 찹쌀가루 100g, 정종(소주) 240mL, 소금 30g(한주먹), 생홍합살 200g, 양파 2개, 누른 호박 200g

1. 양파는 다듬어서 적당히 자른다. 홍합은 수염을 다듬어 씻어 놓고, 찹쌀가루는 풀을 끓여서 식힌다.
2. 간장과 함께 양파, 홍합, 호박을 넣고 익을 때까지 끓인다.
3. 믹서에 소주와 액젓을 붓고 2를 넣어 곱게 간다.
4. 건더기를 건져내고 남은 간장이 따뜻할 때 소금을 녹인다.
5. 4에 조청을 넣어서 녹이고 찹쌀풀을 푼다. 발효청을 넣은 후 고춧가루와 샘가루를 나중에 넣고 덩어리지지 않게 섞는다.
6. 고추장이 뚝뚝 떨어질 정도의 농도로 담근다.
7. 다음 날 퍼지는 정도와 묽은 정도에 따라 고춧가루, 국간장, 발효청, 소주 등으로 농도를 조절한다.
8. 용기에 담아 실온에서 15일~1달간 숙성시킨다. 저염 고추장이므로 냉장 보관하면서 사용한다.

> **Tip 식은 밥으로 조청 만들기**
>
> 재료 : 식은 밥 1kg, 엿기름 200g, 물 1.8L
> 1. 1.8L의 물에 엿기름을 잘 우려내어 밥과 혼합한다.
> 2. 2시간 정도 보온을 하면 식혜가 되는데, 그 이후 체에 거르면 엿기름물 2L가 된다.
> 3. 밥솥 뚜껑을 열고 취사를 누른다. 취사 도중 중간중간 저어준다.
> 4. 1시간 30분에서 2시간 정도 지나면 조청 300g이 만들어진다.

고추장 77

🍴 고추장 야채구이

재료 감자(中) 1개, **새송이버섯** 1개, **당근** 1/2개, **브로콜리** 1/4개

고추장 소스 **고추장** 1큰술, **다진 마늘** 1작은술, **발효청** 1큰술, **청주** 1작은술, **참기름 · 깨소금 · 후춧가루** 약간씩

1. 재료를 깨끗이 씻어서 1~1.5cm 두께로 자르고 브로콜리는 송이송이 나눈다.
2. 180℃ 정도로 예열한 오븐에서 타지 않도록 8~15분 정도 굽는다.
3. 분량의 소스를 구운 야채에 고루 바르고 접시에 담는다.

잠깐 고추장소스를 발라서 다시 굽고 한 번 더 소스를 바르면 맛이 더 좋답니다. 양념이 탈 수 있으므로 잘 보면서 구워야 해요~

🍴 방아 장떡

재료: 방아 50g, 청양고추 1개, 홍고추 2개, 부추 한줌

장떡 반죽: 부침가루 1컵, 물 1컵, 고추장 1큰술, 된장 1/2큰술, 달걀 1개, 식용유 약간

잠깐: 방아 장떡은 방아 이외에도 깻잎, 쑥갓, 미나리 등 여러 가지 야채를 응용하여 만들 수 있답니다.

1. 방아와 부추를 깨끗이 씻어서 물기를 빼고 2cm 길이로 썬다.
2. 청양고추는 굵게 다지고 홍고추는 어슷하게 썬다.
3. 장떡 반죽을 분량대로 넣고 방아, 부추, 청양고추를 넣어서 섞는다.
4. 달군 팬에 식용유를 두른다.
5. 한 수저씩 떠서 썰어 둔 홍고추를 올리고 예쁘게 부친다.

🍴 꽁치 고추장구이

재료 꽁치 2마리, 실파 2줄기, 파슬리가루 약간, 소금·후춧가루 약간씩

양념 고추장 4큰술, 참기름 1큰술, 다진 마늘 1큰술, 꿀 1큰술, 다진 생강 약간

1. 꽁치는 깨끗이 씻어서 칼집을 넣고 소금과 후춧가루로 밑간을 한다. 실파는 송송 썬다.
2. 손질한 꽁치를 팬에 굽는다. 준비한 양념을 발라가며 꽁치가 부서지지 않도록 앞뒤로 굽는다.
3. 다 구운 꽁치는 접시에 담고 실파와 파슬리가루를 뿌린다.

> **잠깐** 마지막에 버터 한 조각을 넣어서 구우면 더욱 고소한 향을 즐길 수 있답니다~

🍴 호박 감정국

 재료 **애호박** 1/2개, **두부** 1/2모, **양파** 1/4개, **감자** 1/2개, **대파** 1/2대, **청·홍고추** 1/2개씩

잠깐 감정이란 궁중요리의 고추장찌개를 일컫던 말이에요. 건더기가 많은 찌개라 반찬을 많이 준비하지 않아도 된답니다~

 양념 **쌀뜨물** 2컵, **고추장** 2큰술, **된장** 1큰술, **다진 마늘** 1/2큰술

1. 애호박은 0.5cm 두께로 잘라서 4등분 한다.
2. 두부, 양파, 감자는 사방 2cm 길이로 썰고 청고추, 홍고추, 대파는 송송 썬다.
3. 뚝배기에 쌀뜨물을 넣고 고추장을 푼다.
4. 된장도 쌀뜨물을 넣어서 풀고 고추장을 풀어둔 뚝배기에 조금씩 넣어가며 간을 맞춘다. 야채가 들어갈 것을 생각하여 간을 조금 더 한다.
5. 뚝배기를 불에 올리고 딱딱한 야채부터 넣어가며 끓인다.
6. 청고추, 홍고추, 대파를 넣고 마무리한다.

🍴 가지 불고기

 재료 가지 2개, **실파** 2줄기, **식용유** 약간

 불고기 양념 고추장 1큰술, 간장 1큰술, 다진 파 1큰술, 다진 마늘 1큰술, 물엿 1큰술, 참기름 2작은술, 깨소금 1작은술

 잠깐 가지는 콜레스테롤을 낮추고 순환기 계통의 질병을 예방하는 데 효과가 좋답니다~

1. 가지는 꼭지를 따서 길이로 도톰하게 썰고 실파는 송송 썬다.
2. 썰어 놓은 가지에 분량의 불고기 양념을 고루 바르고, 프라이팬에 기름을 둘러 중간 불에서 노릇노릇하게 지진다.
3. 접시에 가지 불고기를 담고 송송 썬 실파를 올린다.

🍴 아주까리 전골

 아주까리 잎 10장, **쇠비름 시래기** 100g, **청·홍고추** 1개씩, **대파** 1대, **다시마 육수** 4컵, **고추장** 2큰술, **다진 마늘** 1큰술, **소금·후춧가루** 약간씩

 다진 돼지고기 100g, **두부** 1/4모, **데친 배추** 100g, **데친 숙주** 50g, **다진 파** 1큰술, **다진 마늘** 1/2큰술, **다진 생강** 1작은술, **소금·참기름·후춧가루** 약간씩

1. 고추와 대파는 어슷하게 썬다.
2. 두부는 물기를 빼고 배추와 숙주는 송송 썰어 물기를 꼭 짠다. 분량의 만두소를 볼에 넣고 섞는다.
3. 고추와 대파는 어슷하게 썰고, 데친 아주까리 잎으로 만두를 만든다.
4. 냄비에 육수를 붓고 다진 마늘과 고추장을 푼다. 쇠비름 시래기를 깔고 아주까리 만두를 담아서 끓이다가 거품은 걷어내고 고추와 대파를 올려 마무리한다.

🍴 고추장 쫄면 비빔국수

재료 국수 150g, 데친 콩나물 50g, 그린 샐러드 30g, 깻잎 3장

고추장 소스 고추장 4큰술, 사과식초 2큰술, 다진 파·마늘 1큰술씩, 매실청 2큰술, 참기름 2작은술

1. 끓는 물에 국수를 넣고 삶는다. 국수가 끓어오르면 찬물 한 국자 넣기를 세 번 정도 하여 찬물에 헹군다.
2. 그린 샐러드는 찬물에 씻어서 물기를 빼고 깻잎은 적당한 크기로 자른다.
3. 소스는 분량대로 섞어서 양념장을 만든다.
4. 준비한 재료와 소스를 볼에 넣고 버무려서 그릇에 담는다.

> **잠깐** 깻잎의 어린잎을 이용하면 부드러운 깻잎향을 즐길 수 있어요.
> 깻잎은 비타민 C가 풍부하여 여름철 감기 예방에 큰 도움이 된답니다~

🍴 과일고추장 샐러드

재료 　**사과** 1개, **포도** 1송이, **귤** 3개

소스 　**고추장** 1큰술, **레몬 발효청** 1큰술, **마요네즈** 1작은술, **참기름** 1작은술

잠깐 　과일은 계절에 맞게 사용하는 것이 좋답니다~

1. 과일은 깨끗이 씻어서 물기를 제거한다.
2. 사과는 껍질째 깍둑썰기하고 포도는 알알이 딴다. 귤은 껍질을 벗겨서 하나씩 떼어 놓는다.
3. 소스는 분량대로 섞는다.
4. 준비한 과일과 소스를 볼에 넣고 버무려서 그릇에 담는다.

장떡 야채말이

재료: 깻잎 4장, 빨간·노란 파프리카 1개씩, 오이 1개, 팽이버섯 1봉지, 무순 20g, 밀가루·고추장 1큰술씩, 소금·식용유 적당량

1. 고추장을 물에 풀고 밀가루를 넣어가며 농도를 맞춘다. 소금으로 간을 한 다음 팬에 얇게 부친다.
2. 오이, 파프리카, 깻잎은 굵게 채썬다. 팽이버섯은 밑동을 자르고 가닥가닥 뜯는다.
3. 1의 장떡 전병에 2의 재료들을 넣고 보기 좋게 말아서 접시에 담는다.

잠깐 장떡 야채말이에 발효청을 넣은 초간장을 함께 곁들여 내면 좋아요~

🍴 고추장불고기 주꾸미볶음

재료 돼지고기 불고깃감 200g, 주꾸미 200g, 양배추 500g, 양파 1개, 대파 1/2대, 김가루

양념 고추장 2큰술, 고춧가루 1큰술, 간장 2큰술, 매실청 1큰술, 설탕 1큰술, 청주 2큰술, 생강즙 1작은술, 다진 마늘 2큰술, 후춧가루 약간

1. 양배추와 양파는 굵게 채썰고 대파는 어슷하게 썬다.
2. 주꾸미는 소금으로 박박 문질러 씻은 후, 밀가루를 넣고 깨끗이 씻어서 준비한다.
3. 분량의 양념에 돼지고기를 넣고 버무려 둔다.
4. 팬에 기름을 두르고 양파와 양배추를 센 불에서 볶다가 양념해 둔 고기를 넣고 볶는다.
5. 고기가 어느 정도 익으면 주꾸미를 넣고 볶아서 그릇에 담는다.

청국장

Fast Fermented Bean Paste

익힌 콩을 뜨거운 곳에서 납두균(納頭菌)이
생기도록 띄워 만든 한국 된장

   청국장은 찬바람이 불어야 제 맛이 난다. 어린 시절 어머니께서 손수 끓여주신 뽀얀 국물에 콩 알갱이가 그대로 살아 있는 청국장은 머릿속에서 한 편의 영상처럼 각인되어 있다.
   특유의 냄새 때문에 가끔 외면받기도 하지만 한 번 맛을 보면 숟가락을 놓을 수 없을 만큼 은근한 매력이 있다.

아버지께서 청국장을 드실 때면

냄새가 난다며 근처에도 가지 않았던 어릴 적 기억이 난다. 청국장을 끓이는 날에는 골콤한 냄새가 집 앞에서부터 진동을 한다. 어른들은

"구수한 냄새가 나는 것이 어느 집에서 청국장을 끓이나 보다."

라고 하시면서 지나가셨다. 발 고린내 같은 냄새를 왜 구수하다고 하셨는지 나는 이해할 수가 없었지만 이제는 조금 알 것 같다.

요즘은 청국장을 기계로 쉽게 띄워 먹기도 하고, 냄새가 나지 않는 청국장이 나오기도 한다. 하지만 예전 방식 그대로 짚을 넣어 아랫목에서 띄우는 청국장은 지금의 그 어떤 기술도 따라가지 못하는 것 같다.

아버지께서는 지금도 여전히 청국장을 가장 좋아 하신다. 어머니께서 몸이 편찮으셔서 음식을 만들지 못하니 맛있는 것을 사 드리겠다고 하시면 항상

"나는 청국장이나 한 그릇 먹고 싶다."

라고 하시면서 요즘은 옛날 맛 나는 청국장이 없다고 말씀하신다.

청국장을 갓 지은 밥에 올리고 참기름과 조선간장을 올려 김과 함께 싸 먹으면 그 어떤 보양식이 따로 있을까….

청국장의 유래

 청국장의 유래에 대해서는 여러 가지 설이 있으나 전쟁 중에는 장이 익을 때까지 오랫동안 기다릴 수 없기 때문에 바로 만들어 먹을 수 있는 속성 장의 형태로 청국장이 생겨난 것이라 전해진다.

 단시일 내에 제조하여 먹을 수 있도록 만든 장이라 하여 '전국장(戰國醬)'이라고도 하며, 청나라에서 배워온 것이라 하여 '청국장(淸國醬)'이라고도 한다.

청국장의 종류

○ **생청국장**
  청국장균이 살아 있는 상태의 청국장

○ **건조청국장**
  청국장균이 씨앗과 같은 포자의 형태로 살아 있도록 건조시킨 청국장
  ※ 생청국장의 모든 장점을 가지고 있으며 장기간 보존할 수 있다.

○ **분말청국장**
  건조청국장을 밀가루처럼 곱게 갈아서 만든 청국장
  ※ 기호에 따라 커피에 타 먹거나 생식 및 선식과 혼합하여 먹을 수 있다.

○ **서리태청국장**
  서리태 콩을 사용하여 발효시킨 청국장
  ※ 서리태 콩은 고혈압 환자들이 치료식으로 섭취하는 콩으로 일반 청국장보다 몸에 좋다.

○ **서목태청국장**
  서목태 콩을 사용하여 발효시킨 청국장
  ※ 신장병과 골다공증의 치료 및 예방에 효과가 좋다.

청국장의 효능

　청국장의 원료인 콩은 예로부터 '밭에서 나는 쇠고기'라고 불릴 만큼 각종 미네랄과 비타민이 풍부하다. 청국장에는 3대 영양소인 단백질, 지방, 탄수화물이 가장 질 좋은 형태로 녹아 있다. 그 특유의 냄새에 호불호가 갈리지만 노화 방지, 항암 효과 등 많은 효과가 있으며, 특히 콩은 조직이 단단하여 그대로 먹을 경우 소화율이 낮지만 청국장으로 만들어 먹으면 소화 흡수율이 높아진다.

　우리나라에서도 청국장은 전통 발효식품 가운데 최고로 손꼽히고 있으며, 콩을 영양학적으로 가장 잘 이용한 음식이라는 평을 듣고 있다.

○ 청국장의 효능

소화 촉진	노화 방지	항암 효과
비만 예방	빈혈 예방	변비 개선
뇌졸중 예방	당뇨병 예방	골다공증 예방
간 기능 개선	치매 예방·개선	피부 트러블 개선

청국장과 낫토

　낫토는 일본 사람들이 건강식으로 즐겨 먹는 대표적인 콩 발효식품으로, 재료와 발효과정이 청국장과 비슷하다. 하지만 청국장은 콩에 볏짚을 넣어 자연 발효시키므로 볏짚의 고초균(바실러스균)과 공기 중의 고초균의 영향을 받는다. 그러므로 사용하는 콩, 만드는 사람, 날씨에 따라 다양한 맛이 나고 다양한 균이 발생하여 면역력을 더 높여준다.

　그에 비해 낫토는 낫토균만 사용하여 발효시킨다. 다른 균을 차단시킴으로써 일정한 맛을 유지한다는 장점이 있지만 다른 균을 차단시켜야 하기 때문에 포장된 상태에서 발효가 된다는 단점이 있다.

　섭취 방법 또한 낫토는 생으로 먹고 청국장은 주로 찌개를 끓여서 먹는 차이점이 있다.

　최근에는 청국장도 건강을 위해 생으로 먹는 사람들이 늘고 있다.

낫토 만들기

　낫토에는 아마낫토, 이토비키낫토, 시오라카라낫토 등이 있다. 우리가 흔히 생각하는 낫토는 이토비키낫토이다.

1. 콩을 불려 압력솥에서 30분 정도 삶는다.
2. 용기에 면포를 깔고 삶은 콩을 담아서 발효균인 낫토균을 넣는다.
3. 40℃에서 많이 증식하므로 온도를 잘 맞추고, 요구르트 제조기를 사용하여 8시간 이상 발효시킨 후 냉장고에 1주일간 보관하면서 숙성시켜 먹는다.
4. 숙성이 끝나면 개인의 취향에 따라 겨자나 간장을 넣어 비벼먹거나 김이나 양배추에 싸서 먹어도 좋다.

전통 청국장 만들기

재료 메주콩 500g, 물 1.2L, 보온 박스, 볏짚

1. 콩의 품질을 확인하고 깨끗이 씻은 후 미지근한 물에서 10~12시간 정도 불린다.
2. 불린 콩과 물을 냄비에 담아 약한 불에서 1시간 동안 끓인다. 상황에 따라 콩을 불리지 않고 물의 양을 조절하여 씻은 콩을 바로 사용해도 좋다.
3. 다 삶아지면 콩을 건져 물기를 빼고 바구니에 짚을 깐 다음, 그 위에 면포를 깔고 삶은 콩을 담는다. 다시 그 위에 면포를 덮고 이불로 감싸준다.

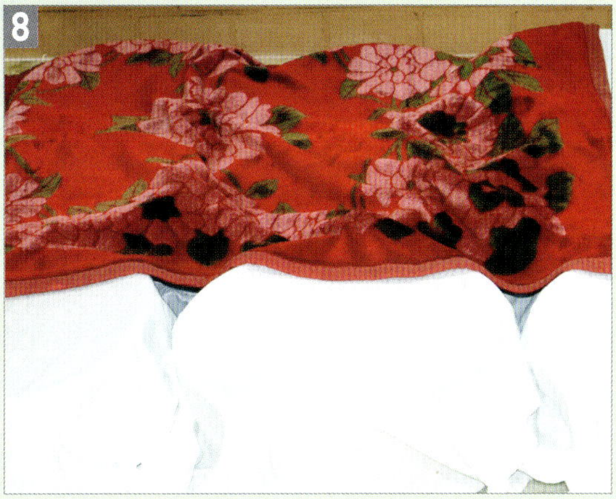

4. 40~45℃를 유지하는 환경에 3일 동안 두면 하얀 실이 생기며 발효가된다.
5. 발효된 콩을 찧고 소금, 마늘, 고춧가루 등을 섞어서 모양을 내고 냉동 보관하면서 사용한다. 냉장 보관은 15~20일, 냉동 보관은 6개월 정도 가능하다.

> **Tip 청국장 보관**
> - 장기간 보관할 경우 한번 사용할 분량만큼 랩으로 싸서 냉동실에 보관한다.
> - 냉동실에 보관한 청국장은 상온에서 1~2시간 정도 두면 원래의 청국장과 동일한 맛과 향을 나타낸다.
> - 냉동실에 장기간 보관할 경우 청국장 있는 유익한 균들이 죽지 않을까 염려하는데, 청국장균은 얼렸다가 한번 정도 녹여도 잘 죽지 않는다.

전기밥솥을 사용하여 청국장 만들기

재료 소쿠리, 플라스틱, 면 보자기 3장, 볏짚

1. 소쿠리는 밥통 속으로 반쯤 걸치고 위로 올라오는 것으로 준비한다.
2. 소쿠리에 짚을 깔고 삶은 콩을 담아서 3cm 두께로 면포 한 장을 덮은 다음, 소쿠리 윗부분을 랩으로 감싼다.
3. 공기가 들어갈 수 있도록 랩에 500원짜리 동전 크기의 2배 정도의 구멍을 낸다.
4. 수건으로 소쿠리 전체를 감싼 다음 밥솥 안에 넣고, 전체를 유리 냄비 뚜껑으로 덮는다. 냄비 뚜껑은 공기 구멍이 있고 소쿠리를 다 덮을 수 있는 크기가 적당하다.
5. 밥솥 뚜껑은 열어두고 보온으로 설정한 다음 12~24시간 정도 지나면 맛있는 청국장이 만들어진다.

청국장 99

생청국장 옥수수튀김

재료: **생청국장** 1팩, **옥수수 통조림** 4큰술, **실파** 2줄기, **녹말가루** 3큰술, **계란** 1개, **식용유** 적당량

1. 옥수수 통조림은 체에 밭쳐 물기를 빼고 실파는 송송 썰어 놓는다.
2. 녹말가루와 계란을 섞어 1의 재료와 청국장을 넣고 섞는다.
3. 180℃의 기름에 반죽을 작게 한 숟가락씩 떠서 넣고, 갈색이 될 때까지 바삭하게 튀긴다.

잠깐 생청국장을 튀기면 특유의 냄새가 거의 없어져요. 야채를 잘 먹지 않는 아이들이 있다면 야채를 다져 넣어서 같이 튀겨 보세요. 아이들 간식으로 정말 좋답니다~

🍴 청국장찌개

재료 청국장 4큰술, 두부 1/4모, 대파 1대, 양파 1/2개, 청·홍고추 1개씩, 다진 마늘 1큰술, 고춧가루 1작은술, 멸치 육수 3컵

1. 두부와 양파는 사방 2cm 크기로 자르고 대파와 고추는 송송 썰어 놓는다.
2. 뚝배기에 멸치 육수를 붓고 청국장을 풀어서 끓이다가 준비한 재료와 다진 마늘을 넣고 끓인다.
3. 고춧가루를 약간 넣고 마무리한다.

잠깐 청국장에 유기산이 많은 신김치를 넣으면 맛이 상큼하고, 배추에는 섬유질이 있어 함께 먹으면 좋아요. 돼지고기를 넣어 같이 끓여도 맛이 좋답니다~

🍴 청국장 샐러드

 양상추 2장, **그린 샐러드** 100g, **빨간·파란 파프리카** 1/2개씩, **생청국장** 2큰술

 간장 2큰술, **참기름** 1큰술, **레몬즙** 2큰술, **식초** 1큰술, **매실청** 1큰술, **소금·후춧가루** 약간씩

1. 양상추는 손으로 먹기 좋은 크기로 뜯고, 그린 샐러드와 같이 차가운 물에 담갔다가 물기를 뺀다.
2. 파프리카는 채썰고 소스는 분량대로 섞어서 준비한다.
3. 손질한 재료는 모양을 내어 접시에 담는다.
4. 생청국장을 올리고 소스는 먹기 직전에 끼얹는다.

> **잠깐** 청국장은 콜레스테롤 수치를 낮추고 비타민 B의 분해작용으로 다이어트에도 좋은 음식이에요. 생청국장 대신 시판용 낫토를 이용해도 좋답니다~

🍴 청국장 비빔우동

재료 우동면 400g, 빨간·노란 파프리카 1/2개씩, 적채 50g, 부추 50g, 상추 3장, 당근 50g,

양념 청국장 100g, 분말청국장 2큰술, 레몬청 2큰술, 깨소금 1큰술, 소금·후춧가루 약간씩

1. 청국장은 방망이로 으깨고 나머지 분량의 재료를 섞어 양념을 만든다.
2. 부추는 5cm 길이로 자르고 나머지 야채는 채썬다.
3. 우동면은 끓는 물에 데쳐서 찬물에 헹구고 물기를 제거한다.
4. 재료를 볼에 모두 넣고 섞어서 그릇에 담는다.

잠깐 양념에 들깻가루를 약간 넣으면 고소한 맛을 즐길 수 있어요. 매콤하게 먹고 싶다면 청양고추를 곱게 다져서 양념과 같이 무치면 매콤한 비빔우동을 즐길 수 있답니다~

🍴 생청국장 비빔밥

재료 밥 2공기

양념 생청국장 100g, 데친 얼갈이배추 100g, 데친 숙주 100g, 새송이버섯 2개, 깻잎장아찌 80g, 계란 1개, 김가루 · 들기름 · 참기름 · 소금 약간씩

1. 데친 숙주와 얼갈이배추는 먹기 좋은 크기로 잘라서 참기름과 소금으로 무친다.
2. 새송이버섯은 송송 썰어서 팬에 들기름을 두르고 볶는다.
3. 깻잎장아찌는 송송 썰고 계란은 황·백지단을 부쳐 채썬다.
4. 그릇에 밥 1공기를 담은 후 준비한 숙주, 얼갈이배추, 버섯, 깻잎장아찌, 김가루, 양념 생청국장을 모양 있게 담고 황·백지단을 올려 마무리한다.

잠깐 기호에 맞게 집에 있는 장아찌를 응용하여 비빔밥을 만들어도 맛있답니다~

청국장 고사리볶음

재료: 마른 고사리 100g, 청국장가루 1큰술, 들깻가루 1큰술, 다진 파 1작은술, 들기름 2큰술, 간장 2큰술

1. 고사리는 물에 불리고 끓는 물에 데쳐서 먹기 좋은 크기로 자른다.
2. 팬에 들기름을 두르고 다진 파, 고사리, 간장을 넣고 볶다가 청국장가루를 넣고 볶는다.
3. 마지막으로 들깻가루를 넣고 볶아서 그릇에 담는다.

> **잠깐** 고사리의 잎과 뿌리줄기는 맥주를 만드는 데 사용되며, 뿌리줄기의 전분은 빵을 만들 때 사용하기도 한답니다.

장아찌

Soy Sauced Vegetable

채소를 간장·된장·고추장 속에 넣었다가
삭혀 먹는 저장 음식

　장아찌는 오래전 궁중에서 특별히 장과라고 부를 만큼 귀하고 품격 있는 음식이었다.
　아무리 산해진미에 둘러싸인 왕이라 하더라도 종종 입맛을 잃을 때가 있었는데, 그때마다 상에 올라온 장아찌는 임금님의 입맛을 살려 주던 음식이었다.

초등학교 6년 동안
집에서 학교까지 걸어서 등·하교하였다

왕복 8km나 되는 등·하굣길이 정말 지겨웠다. 하지만 길가에 핀 꽃, 풀, 그리고 돌은 나의 간식이자 장난감이고 놀이터였다.

길가에 피어 있는 각종 다양한 산야초는 배고픈 하굣길의 맛있는 간식이었고, 나의 어린 시절 아주 좋은 먹거리로 자연스럽게 자리 잡았다. 그러면서 식용과 독초를 구별하는 법에 대해 자연스럽게 알게 되었다.

요리를 본격적으로 연구하기 시작할 무렵 어릴 적 간식이었던 산야초가 나의 훌륭한 지식이 되어 주었다. 나무에서 직접 매실을 따서 고르고 씻어서 내 손으로 처음 매실청과 장아찌를 담그던 날이 생각난다. 처음이라 힘들기도 했지만, 문제는 열심히 담근 매실청과 장아찌가 부풀어 올라 넘치는 바람에 얼마나 놀랐는지 모른다.

책에서 배운 대로 그늘에 두었고 설탕과 소금도 충분히 넣었던 것 같은데 원인을 찾지 못했다. 그런데 나중에 장아찌를 연구하게 되면서 그 이유를 알게 되었다.

매실청과 장아찌를 담금통 끝까지 꾹꾹 눌러 담아서 그렇다는 것을….

충분히 발효할 수 있도록 담금통에 여유를 주었어야 하는데 통 입구까지 채워서 담은 것이 문제였던 것이다.

그렇게 처음 매실청과 장아찌를 담갔던 경험을 토대로 연구를 하여, 이제는 장아찌의 달인이라 할 정도가 되었다. 또한 『산야초장아찌와 샐러드 만들기』, 『산야초로 만든 발효청과 요리』라는 책을 출간하였으며, 지금도 열심히 연구하고 있다.

장아찌의 유래

위나라 때 편찬된 『제민요술』에는 젖산 발효를 이용한 김치류 12종과 초절임 16종이 소개되어 있다.

이때가 우리나라의 삼국 시대이므로, 이미 그때부터 제철에 나는 채소를 절여 먹는 절임 음식을 먹은 것으로 짐작된다.

장아찌에 대한 기록이 처음으로 선보인 것은 고려 시대의 이규보가 지은 『동국이상국집(東國李相國集)』에서이다. 여기서 이규보는

"좋은 장을 얻어 무를 재우니 여름철에 좋고, 소금에 절여 겨울철에도 대비한다."

라고 장아찌를 상당히 구체적으로 읊고 있다.

또한 이 시문집에는 오늘날의 김치를 의미하는 '채'라는 글자가 등장한 것으로 보아 삼국 시대부터 시작된 절임음식이 고려 시대에 이르러 상당히 발달했음을 알 수 있다.

그러나 절인 야채를 된장이나 고추장에 넣어서 삭히는 장아찌와 고춧가루에 버무리는 김치가 확실히 구분되어 발달한 것은 고추와 마늘 양념이 일반화된 조선 중기 이후부터라고 전해진다.

장아찌는 '장아'라는 한자어와 김치를 뜻하는 '지'가 더해져 생긴 말이다. 옛 문헌을 살펴보면 장아찌를 다양하게 지칭하고 있다.

1. 식품에 간장을 넣고 조려서 고명을 한 반찬
2. 채소를 소금에 잠깐 절인 후 간장을 붓고 양념을 해서 먹는 반찬
3. 채소를 소금에 잠깐 절이거나 햇볕에 말려서 쇠고기와 함께 볶아서 양념한 반찬
4. 채소를 절이거나 햇볕에 말려서 간장 등에 담갔다가 양념을 해서 먹는 저장용 반찬

장아찌 111

장아찌의 재료

장아찌란 '장과(醬瓜)' 또는 '장저(醬菹)'라고도 하는데 제철에 나는 채소를 간장이나 된장, 막장, 고추장 속에 넣었다가 삭혀 먹는 저장음식을 말한다. 채소뿐만 아니라 육류나 어류도 살짝 익혀서 된장이나 막장 속에 넣기도 한다.

여러 달 후 장 속에서 맛이 든 것을 꺼내 그대로 먹기도 하지만 대체로 참기름을 비롯한 갖은 양념을 해서 무쳐 먹는다. 이와 달리 불에 익혀서 곧바로 먹는 것을 '숙장과' 또는 '갑장과'라고 한다.

계절에 따른 분류

- **봄**
  고사리, 달래, 달맞이, 비름나물, 생강, 상수리, 쑥, 오이, 주꾸미
- **여름**
  가지 잎, 고구마 줄기 잎, 당귀, 무화과, 쇠비름, 아주까리, 고추, 매실, 다슬기, 복분자, 블루베리, 자두, 복숭아
- **가을**
  고들빼기, 고사리, 달맞이, 담쟁이 넝쿨, 목화잎, 부추, 수숫잎, 야콘, 우엉, 제피, 무, 취나물
- **겨울**
  톳, 모자반, 돼지감자, 배추, 굴, 사과, 무, 홍합, 꼬막, 명태

지역에 따른 분류

- **경상도**
  무, 콩잎, 마른 오징어, 전복, 개암
- **경기도**
  무, 깻잎, 미역귀, 산초, 배추시래기, 배추꼬랑이 (배추의 뿌리)
- **충청도**
  무, 오이, 가지, 참외, 고추, 두부, 전복, 생감, 생강, 마늘종
- **전라도**
  두부장, 도토리묵, 우무, 더덕, 굴비, 홍합, 도라지, 마늘종, 씀바귀, 고춧잎, 가지, 콩잎
- **강원도**
  무, 오이, 도라지, 더덕, 고사리
- **함경도, 평안도**
  무, 오이, 무말랭이, 마늘, 두부장
- **제주도**
  무, 후춧잎

장아찌를 담그는 조건

1. 절이는 기간 : 15~180일
2. 된장액 농도 : 55~66%
3. 1차 숙성 시간 : 실온에서 10시간
4. 2차 숙성 온도 : 5~7℃
5. 3차 숙성 온도 : 0~5℃
6. 소금물의 농도 : 5~7%
7. 상온에서 10시간 정도 둔 후 냉장 숙성

재료 특성에 따른 전처리법

1. 물기 많은 재료 : 햇볕에 말린다.
2. 무 등 속이 찬 재료 : 소금을 절인다.
3. 딱딱한 재료, 뿌리, 구근류 : 소금물에 절인다.
4. 부추열매, 계피열매 : 찐다.
5. 감잎, 고사리, 담쟁이덩굴 : 삶는다.

Tip 계피열매, 담쟁이덩굴
계피열매, 담쟁이덩굴은 쓴맛과 독을 제거하고 사용한다.

장아찌 담그기

○ **간장으로 담그는 장아찌**

진간장, 설탕, 식초를 넣어 한소끔 끓이다가 식으면, 여기에 발효청을 조금 붓고 재료를 통에 담아 무거운 것으로 누른다. 오래 두고 먹으려면 2~3일이 지난 후 간장만 따라내고 다시 끓인 다음 식혀서 붓는다. 이 과정을 두세 번 반복하면 오래 보관하며 먹을 수 있다.

> **Tip**
> 간장을 끓일 때 간장 : 설탕 : 식초를 2 : 1 : 1의 비율로 한다.

○ **고추장으로 담그는 장아찌**

재료를 미리 소금물에 절인 다음, 햇볕에 말려 수분을 충분히 제거하면 물이 생기기 않고 오래 저장할 수 있다. 여기에 발효청을 섞어서 단맛을 조금 내 주면 더 맛이 있다.

> **Tip**
> 담근 장아찌는 매일 저으면서 3~5일 숙성시킨 후, 건져내어 고추장 양념을 하고 다시 숙성시킨다.

Tip 간편한 장아찌 양념 배합 비율
- 간장 : 설탕 : 식초 ➡ 1 : 1 : 0.5
- 간장 : 식초 : 조청(물엿, 발효액, 설탕) : 소주 ➡ 1 : 1 : 1 : 0.2
- 일반적으로 간장과 설탕을 배합할 때 식초를 넣으면 잘 섞어진다. 설탕을 다 넣은 후에 식초를 넣는다.

○ 술지게미로 담그는 장아찌
　장아찌의 재료를 술지게미에 넣어 만든 장아찌로, 재료를 소금에 절이고 술지게미를 채워서 숙성·발효시킨다.

○ 소금으로 담그는 장아찌
　재료 위에 소금을 직접 뿌리거나 끓인 소금물로 절인다. 소금물의 농도는 소금：물을 1：10의 비율로 하는 것이 가장 좋고, 소금은 천일염을 써야 쓴맛이 나지 않는다.

○ 장으로 담그는 장아찌
　고추나 깻잎, 무, 참외 등의 재료를 소금에 절여서 수분을 충분히 제거하고 된장에 한 달 이상 숙성시킨다. 된장장아찌는 짠맛이 강하므로 먹을 때는 된장을 완전히 걷어 내고 송송 썰어서 양념하거나 너무 짤 경우 물에 담가 짠맛을 뺀 후 양념을 넣고 무치면 맛이 있다. 된장이 너무 말라 있으면 된장에 발효청을 섞어 윤기 나게 하거나 물엿, 조청을 넣어 단맛이 나게 한다.

> **Tip**
> 술지게미로 담그는 장아찌에 설탕과 청주가 들어가면 더욱 깊은 맛이 생긴다. 발효과정에서의 진한 냄새는 썰어서 씻으면 사라진다.

> **Tip**
> 된장장아찌 양념에 미소 된장을 섞어서 즉석 된장장아찌를 만들어 먹을 수도 있다.

장아찌를 맛있게 담그려면?

첫째, 수분을 없애야 한다.
 재료에 물기가 있으면 물이 생기고 부패하여 부풀어 오르기 때문에 애써 담근 장아찌를 망치게 되므로, 소금에 절여서 물기를 제거한다.

둘째, 간장물은 끓여서 붓는다.
 껍질이 있는 오이나 고추를 장에 넣을 때는 끓인 상태로 부어야 아삭하고, 깻잎과 같이 연한 채소는 끓인 장물을 완전히 식혀서 부어야 본래 채소의 맛이 살아난다.

셋째, 맛에도 비밀이 있다.
 오이의 아삭거리는 맛의 비밀은 바로 소금에 있다. 오이장아찌를 만들 때는 반드시 간수를 빼지 않은 천일염을 쓴다.

넷째, 식초의 다양한 효능을 활용한다.
 식초는 산성식품을 많이 먹는 현대인의 체질이 산성화되는 것을 막아주며 체내 노폐물을 제거하고 세포를 깨끗하게 하는 효과가 있다.

다섯째, 비율의 법칙을 지킨다.
 간장 : 설탕 : 식초의 1 : 1 : 0.5 비율을 지키면 맛을 내는 데 효과가 있다.

장아찌 119

🍴 장아찌 주먹밥

재료 **밥** 2공기, **간장 깻잎장아찌** 12장

1. 깻잎장아찌 8장은 잘게 다지고 나머지 4장은 양념 국물을 뺀 후 둔다.
2. 밥 반 공기 분량을 손에 쥐고, 잘게 다진 깻잎을 조금 넣고 덮어서 삼각형 모양의 주먹밥을 만든다.
3. 깻잎장아찌 1장으로 주먹밥을 싼다.

> **잠깐** 장아찌 주먹밥 안에 오이장아찌 등 여러 가지 장아찌를 다양하게 넣어서 입맛을 돋울 수 있답니다~

🍴 새송이장아찌

재료 새송이버섯 500g, 통마늘 10쪽, 마른 고추 1개

절임장 간장 1컵, 조청 1컵

1. 새송이버섯은 밑둥을 제거한다.
2. 끓는 물에 데쳐서 물기를 제거한 후 살짝 말린다.
3. 분량의 절임장에 마늘과 마른 고추를 넣고 마늘이 살짝 익을 정도로만 끓인다.
4. 항아리나 밀폐용기에 손질한 버섯을 담고 3의 절임장을 넣는다.
5. 실온에서 완전히 식힌 다음 뚜껑을 닫고 냉장고에 하루 정도 두었다가 먹는다.

🍴 도라지장아찌

재료 도라지 1kg

양념 고추장 양념 : 고추장 2컵, 산야초 발효청 1/2컵, 배 1/2개, 소주(청주) 1/2컵
간장 양념 : 간장 3컵, 산야초 발효청 2컵, 마른 표고버섯 5개, 대추 한줌, 물 2컵, 소주 1컵

1. 도라지는 깨끗이 손질하여 햇볕에 이틀 정도 꾸덕하게 말린다. 이렇게 하지 않으면 장아찌를 담갔을 때 물이 흥건해지므로 실패할 수 있다.
2. 고추장 양념은 배를 갈아 분량의 양념을 냄비에 넣고 조리다가 된 고추장처럼 되면 식혀서 도라지 말린 것을 넣고 섞는다.
3. 항아리에 담아 한 달 정도 숙성시킨다.
4. 간장 양념도 분량대로 하여 도라지를 항아리에 담고 양념을 부어준다.
5. 일주일 후 끓여서 식힌 다음 붓기를 2~3회 하여 숙성시켜 먹는다.

🍴 마늘종 무장아찌

 재료 마늘종 500g, 무 1개

 장아찌 육수 간장 2컵, 물 2컵, 식초 2컵, 설탕 1컵, 굵은 소금 2큰술, 마른 고추 1개, 다시마 1쪽

1. 마늘종은 억센 부분을 제거하고 깨끗이 씻은 다음 4cm 길이로 썬다.
2. 무는 깨끗이 씻어서 5cm 길이로, 나무젓가락 굵기로 자른다.
3. 준비한 재료를 밀폐용기에 담아 분량의 장아찌 육수 재료를 팔팔 끓여서 부은 다음 식혀서 뚜껑을 닫는다.
4. 2~3일 후 다시 끓였다가 식혀서 붓기를 2회 정도 반복한 후 먹는다.

🍴 마늘종장아찌 볶음밥

 재료 밥 1공기, 마늘종장아찌 20g, 당근 30g, 양파 1/4개, 햄 50g, 새우살 50g, 마늘종 2줄기, 검은깨 · 소금 · 후춧가루 약간씩

1. 새우살은 깨끗이 씻어 끓는 물에 데친다.
2. 마늘종장아찌, 당근, 양파, 햄은 곱게 다지고, 마늘종은 송송 썬다.
3. 팬에 기름을 두르고 햄과 새우살을 볶다가 다진 야채들을 넣고 볶는다.
4. 야채들이 익으면 밥과 썰어 둔 마늘종을 넣어서 볶는다.
5. 소금, 후춧가루로 간을 하고 검은깨를 뿌린다.

🍴 양배추 깻잎 간장장아찌

 재료 양배추 500g, 깻잎 100g

 간장양념 간장 3컵, **산야초 발효청** 2컵, **설탕** 1컵, **식초** 2컵

1. 양배추와 깻잎은 깨끗이 씻어서 물기를 완전히 제거하고 꼬지에 켜켜이 꽂아 고정한다.
2. 분량의 장아찌 간장 양념을 섞어서 1에 부어준다.

> **잠깐** 양배추 깻잎 간장장아찌는 하루 정도만 숙성시키면 바로 먹을 수 있답니다~

🍴 무 된장장아찌

재료 무 1kg

된장 양념 된장 6컵, 조청(물엿) 1컵, 산야초 발효청 1컵

1. 무는 깨끗이 씻어서 물기를 제거하고 크기에 따라 4~6등분 한다.
2. 된장 양념을 섞어서 준비한 무를 넣고 장아찌를 담근다.

🍴 고추장아찌

재료 청고추 500g, 홍고추 500g

간장 양념 간장 3컵, 산야초발효청 2컵, 설탕 1컵, 식초 1컵

1. 고추는 깨끗이 씻어서 물기를 완전히 제거하고, 꼬지에 군데군데 찔러 구멍을 낸다.
2. 분량의 간장 양념을 부은 다음, 위에 무거운 것으로 눌러준다.

🍴 고추장아찌 라면

재료 라면 1봉지, **고추장아찌** 약간

1. 라면을 끓인다.
2. 라면이 끓으면 마지막에 고추장아찌 고추를 어슷하게 썰어 넣는다.

> **잠깐** 라면이 끓을 때 장아찌 국물을 1큰술 넣으면 면발이 꼬들꼬들해지고, 고추의 매콤한 맛을 즐길 수 있어요.

🍴 매실장아찌

재료 　매실 10kg, 설탕 10kg, 소금 약간

1. 청매실을 소금물에 깨끗이 씻어서 물기를 제거한다.
2. 과육만 잘라서 설탕을 80%만 넣고 버무린다.
3. 항아리에 2를 담고 남은 설탕을 부은 후 밀봉하여 2~3일에 한 번씩 설탕이 녹을 수 있게 섞어준다.

🍴 매실장아찌 고추장박이

재료 　매실장아찌 과육 2컵, 고추장 1/2컵, 조청 1큰술, 매실청 2큰술

1. 모든 재료를 잘 버무린다.
2. 잘 버무린 다음 밀폐용기에 담아 두고 먹는다.

잠깐 　장맛이 스며들도록 일주일 정도는 숙성시켜야 한답니다~

🍴 콩잎장아찌

재료 콩잎 1kg　　**간장물** 진간장 5컵, 설탕 1컵, 매실청 1컵

1. 콩잎은 깨끗이 씻어서 물기를 제거한다.
2. 물기를 제거한 콩잎을 단지나 밀폐용기에 차곡차곡 넣는다.
3. 간장물을 붓고 실온에서 하루 정도 숙성시켜 두었다가 냉장 보관한다.

> **잠깐** 콩잎이 억세면 끓인 간장물을 바로 붓고 연하면 간장물을 식혀서 부어주세요.
> 그래야 맛있게 드실 수 있답니다~

발효청
(발효액, 발효효소)
Fermented Liquor

미생물에 의하여
발효과정을 거쳐서 얻어낸 액체

우리 집 건강을 지키는 발효청!
6월은 주부들이 매실청을 담그느라 바쁜 달이다.
요즘은 설탕 대신 발효청을 많이 사용하며, 매실뿐만 아니라 여러 가지 약초와
야채 등 자연에서 얻는 많은 것들을 발효청으로 만들어 사용한다.

강산이 두 번 변하기 전 어느 날

처음 맛 본 발효청(발효액) 요리에 반한 그 날부터 발효에 관한 연구를 시작하였다. 자연에서 나는 재료들은 고유의 향과 맛 때문에 호불호가 많다. 그래서 요리하기 쉽고 섭취하기 쉽도록 만드는 요리법 중 하나가 발효청을 만드는 것이다.

발효청을 만들기 위해, 자연의 맛을 찾기 위해, 자연에서 나는 재료를 구하기 위해 산이나 들로 쫓아다니기를 수십 번…, 어느 곳에 어떤 산야초가 있는지 눈을 감고도 알 수 있을 정도로 보고 또 보고 관찰하기를 수십 번….

자연에서 자연의 느낌을 그대로 채취한다는 것은 어려운 일이었지만 여름이 지나고 결실을 맺는 가을이 오듯 자연은 우리에게 고통을 준만큼 그에 알맞은 대가를 주었다.

자연에 순응하면서 스스로를 지키기 위해 만들어 낸 다양한 발효청의 재료들은 우리가 섭취했을 때 항암작용, 항균작용, 면역력 향상 등 많은 효능을 주고 있다는 것을 알게 되었다.

발효청의 유래

발효청은 신라시대 화랑들이 산야초(산이나 들에서 자라는 풀)를 담가 즐겨 먹었던 음료였으며, 또한 절에서 참선이나 수련을 하는 승려나 수도자들이 위에 부담을 주지 않고 머리를 맑게 하기 위해 먹던 음료라 전해지고 있다.

요즘은 설탕 대신 다양한 방법으로 만든 발효청을 단맛을 내는 데 사용하며, 여러 가지 발효청을 만들어 요리에 따라 다양하고 다르게 사용하고 있다.

발효청의 종류와 효능

○ **백년초청**

부종과 변비에 탁월한 효과가 있으며 고혈압, 암, 노화를 억제하는 효과가 있다.

○ **오디청**

불면증과 건망증에 효과가 있으며, 갈증을 해소시키고 관절을 부드럽게 하며 간장과 신장의 기능을 좋게 한다.

○ **오미자청**

리그난 성분이 간을 보호하고 혈중 알코올 농도를 빠르게 낮춰준다. 기침이나 천식에 효과가 있으며 유기산이 많아 피로회복에 좋다.

○ **복분자청**

비타민 A, 비타민 C, 각종 미네랄이 풍부하고 안토시아닌계 화합물이 다량 함유되어 있어 항산화 기능이 뛰어나다.

○ **매실청**

매실의 피크린산이 독성물질을 분해하여 살균작용을 하고, 시트르산이 간과 신장의 기능을 활성화시켜 숙취 해소와 피로 회복에 좋다. 유기산이 위장 운동을 활발하게 한다.

○ **마늘청**

세계 10대 건강식품으로 꼽힐 만큼 효능이 뛰어나다. 혈압을 낮추고 콜레스테롤을 감소시키며, 특히 마늘의 알리신 성분은 체내의 박테리아 성장을 억제하고 곰팡이와 효모를 파괴시킨다.

○ 셀러리청

섬유질이 풍부하여 노폐물 배출에 좋고 특유의 향을 내며 두통에 효과적이다.

○ 양파청

양파에는 비타민, 식이섬유, 항산화제가 들어 있다. 양파는 알맹이보다 껍질에 좋은 성분이 수십 배 더 많으므로 껍질째 같이 담그는 것이 좋다.

○ 쑥갓청

쑥갓은 열량이 낮은 반면 영양이 풍부한 알칼리성 식품이다. 칼슘과 비타민 A가 매우 풍부하고 비타민 B, 비타민 C, 철분, 엽록소가 다량 함유되어 있다.

○ 수세미청

수세미는 가래를 삭히고 혈액 순환과 소염작용에 효과가 있으며 변비나 축농증에도 효과가 좋다. 수세미 씨는 잘못 먹으면 설사나 복통을 유발하므로 발효청을 담을 때 제거하는 것이 좋다.

발효청의 재료

특징에 따른 재료

○ **열매**

매실, 홍고추, 청량고추, 오디, 감, 보리수열매, 무화과, 산딸나무, 돌복숭아, 탱자나무, 각종 과일

○ **줄기와 잎**

미나리, 브로콜리, 양배추, 부추, 샐러리, 당귀, 쑥, 표고버섯, 쇠비름, 산야초

○ **뿌리**

양파, 비트, 마늘, 우엉, 연근, 도라지, 참마, 생강, 무, 당근

○ **다른 효소와 배합해도 되는 효소**

쑥, 민들레, 머루, 산나물, 소엽, 당귀, 오미자, 더덕, 도라지, 냉이, 오디, 돌미나리, 돌복숭아, 황기, 감초

Tip 식용과 독초를 정확히 알고 사용해야 한다.

계절에 따른 재료

○ 봄

옥잠화, 참취, 질경이, 돌나물, 방풍, 왕고들빼기, 민들레, 쑥, 고사리, 곰취, 매실, 비름, 두릅, 도라지 순, 소나무, 머위, 냉이, 취나물

○ 여름

약모밀, 작약, 쇠비름, 보리수 열매, 수련, 쇠무릎, 괭이밥, 도라지, 방아, 깻잎, 양파, 마늘, 달맞이꽃

○ 가을

벌개미취, 닭의장풀, 꽈리, 버섯, 소루쟁이, 뽕잎, 조팝나무, 탱자나무 열매, 어름 열매, 더덕, 치자 열매

○ 겨울

칡뿌리, 생강, 황기, 감초, 비트, 작약뿌리, 당귀뿌리 등 각종 뿌리 종류

○ 사계절

비비추, 달맞이, 소나무 잎, 칡

발효청 담그기

○ **채취하기**

찻길에서 1km 떨어진 오지나 차 소리가 들리지 않는 청정지역에서 산야초를 채취한다.

○ **손질하기**

1. 채취한 재료들을 펼쳐 놓고 다듬어서 시든 잎이나 상처가 난 낙엽들을 골라낸다.
2. 먼지와 흙을 잘 씻어 내고 물기를 제거한 다음 그늘에서 살짝 말린다.
3. 재료가 시들지 않게 주의한다.

○ **자르거나 갈기**

1. 연한 새순은 그대로 사용하고, 부드럽고 수분이 많은 것은 크게 자른다.
2. 수분이 적고 뿌리가 단단한 것은 잘게 자르고, 건조된 재료는 갈아서 사용한다.

○ **담그기**

1. 버무릴 때 환경호르몬이 없는 용기를 사용한다.
2. 물기를 제거한 재료에 설탕, 조청, 꿀, 올리고당, 소금, 소주 등을 넣고 섞는다. 여름에는 재료가 뭉개질 수 있으므로 많이 젓지 않고 겨울에는 충분히 저어준다.
3. 발효되었을 때 원하는 색깔에 따라 조청, 꿀, 올리고당, 흑설탕, 백설탕, 황설탕 중에서 선택하여 넣는다.
4. 기본 비율은 식물의 특성이나 계절에 따라 조절한다. 여름에는 과일의 수분이 많으므로 당분을 많이 넣고 겨울에는 평균적으로 넣는다.

5. 버무린 재료를 차곡차곡 넣고 눌러준 다음, 마지막에 설탕을 뿌리고 큰 돌멩이를 올린다.
6. 항아리 입구를 한지로 밀봉하고 이름, 날짜, 각종 재료의 비율을 기록한다.
7. 발효시킬 때는 한지로 덮고 뚜껑을 닫는다.
8. 설탕이 녹을 때까지 2~3일에 한 번씩 저어 주다가 나중에는 15일에 한 번씩 가스를 날리고 발효시킨다.
9. 당분과 소금의 양
   재료 무게 : 설탕 : 조청 : 소금 = 1 : 0.5 : 0.2 : 0.03

   Tip 수분이 많은 약초나 뿌리는 당분의 양을 늘린다.

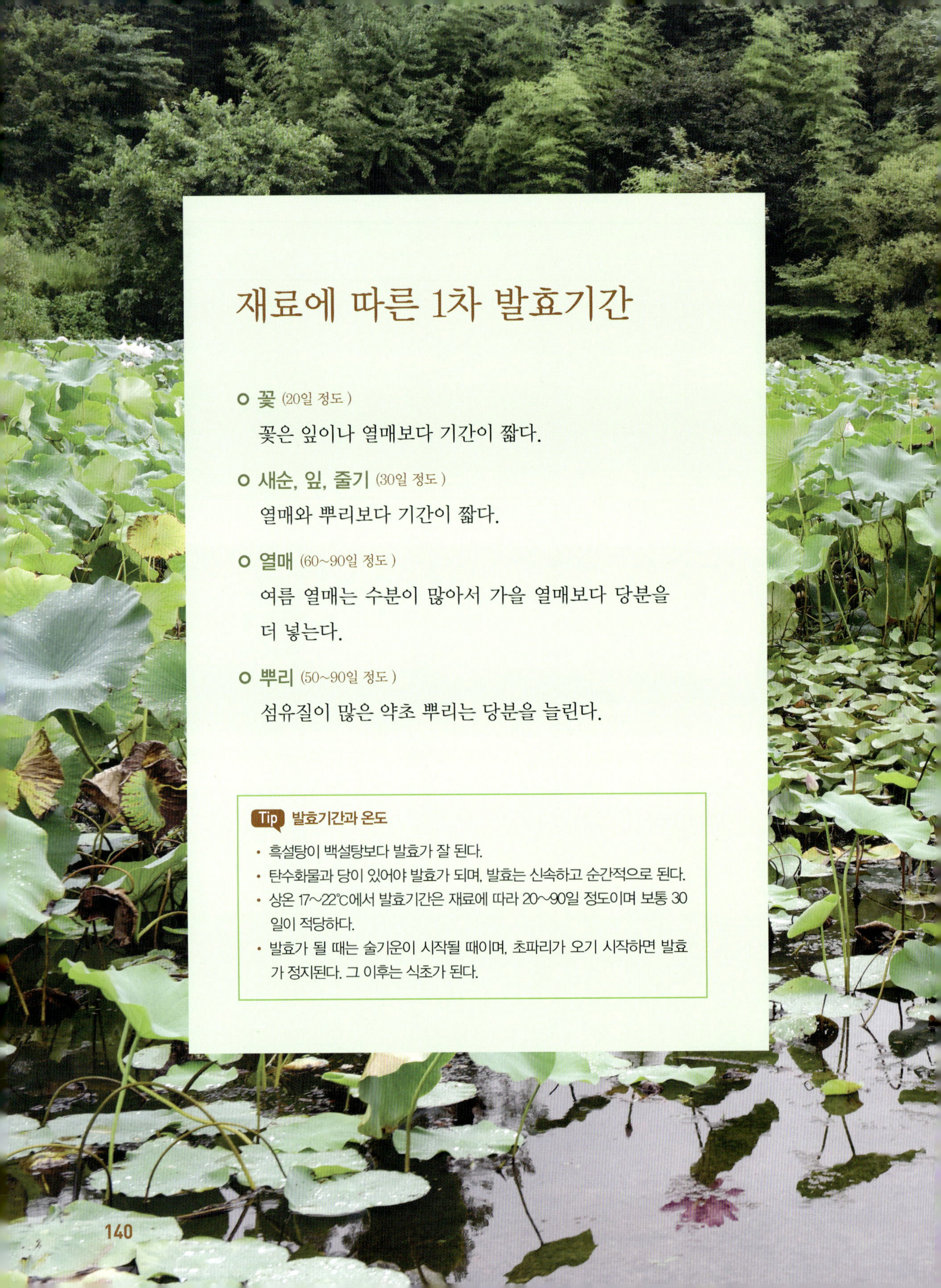

재료에 따른 1차 발효기간

○ **꽃** (20일 정도)

꽃은 잎이나 열매보다 기간이 짧다.

○ **새순, 잎, 줄기** (30일 정도)

열매와 뿌리보다 기간이 짧다.

○ **열매** (60~90일 정도)

여름 열매는 수분이 많아서 가을 열매보다 당분을 더 넣는다.

○ **뿌리** (50~90일 정도)

섬유질이 많은 약초 뿌리는 당분을 늘린다.

> **Tip 발효기간과 온도**
> - 흑설탕이 백설탕보다 발효가 잘 된다.
> - 탄수화물과 당이 있어야 발효가 되며, 발효는 신속하고 순간적으로 된다.
> - 상온 17~22℃에서 발효기간은 재료에 따라 20~90일 정도이며 보통 30일이 적당하다.
> - 발효가 될 때는 술기운이 시작될 때이며, 초파리가 오기 시작하면 발효가 정지된다. 그 이후는 식초가 된다.

발효청 숙성 및 보관하기

○ **1차 보관하기**

햇볕이 들지 않는 서늘한 곳에 보관한다. 온도 변화가 없는 굴속에 보관하는 것이 가장 좋다.

○ **건더기 거르기**

- 발효과정 중 재료 자체의 맛이 느껴지는 시기를 정한 다음 건더기를 건진다.
- 1차 발효가 끝나면 건더기를 건져내고 고운체나 삼베자루에 넣어서 짠 다음 액체만 거른다.

○ **2차 숙성 및 보관하기**

거른 액체는 1차 숙성 기간만큼 더 냉장 보관하거나 동굴이나 땅에 묻어 햇볕이 없는 서늘한 곳에서 숙성 보관한다.

○ **보관 및 주의 사항**

- 열과 높은 온도에 약하므로 사용 시 주의한다.
- 냉장 보관 시 유리병이 부풀어 오르므로 페트병에 보관하고 뚜껑을 조금 열어둔다.
- 곰팡이가 생겼을 경우 흰곰팡이면 걷어 버리고 설탕을 조금 더 넣는다. 푸른곰팡이나 붉은곰팡이가 생겼을 경우는 모두 버린다.

○ **발효가 되었는지 확인하는 방법**

- 거품이 생기기 시작하면 발효가 시작되는 것이다.
- 발효가 시작되면 가스로 인해 건더기가 올라갔다가 내려간 흔적이 생긴다.
- 재료의 전분과 수액이 빠져 나가고 재료의 색이 변한다.
- 재료 자체의 향과 식감이 살아 있는 상태로 맛과 향이 좋다.
- 풋내나 군내가 나지 않고 탄산가스가 올라오지 않으면 발효가 끝난 상태이다.

발효청을 요리에 활용하기

○ **각종 요리에 대체 당으로 사용**
  소스, 무침, 나물, 볶음, 찜, 조림에 사용한다.

○ **발효식품으로 사용**
  간장, 된장, 고추장, 김치류, 장아찌류, 피클류를 담근다.

○ **식초로 사용**

○ **차 또는 음료로 사용**
  - 음용 시간 : 일어난 직후(가능한 아침), 취침 전 공복
  - 음용 횟수 : 하루에 2~4회(제한은 없다.)
  - 음용량 : 1회 20~60mL(목적에 따라)
  - 음용 기간 : 4~6개월 동안(지속적으로)
  - 음용 방법 : 물의 4~5배(원액 그대로 마시는 것이 효과적이다.)
  ※ 물에 희석하여 오래 두면 활성이 떨어지므로 바로 마시는 것이 좋다.

○ **발효청 배양액으로 사용**
  과일을 갈아서 발효청을 넣고 2~3일 정도 배양한 후 냉장 보관하여 먹는다.

○ **발효청을 대신할 수 있는 재료**
  - 꿀 : 당분이 천천히 흡수되어 혈당이 빨리 오르지 않는다.
  - 조청 : 쌀과 옥수수를 원료로 하는 것이 많으며 소화가 잘 된다.
  - 올리고당 : 설탕보다 덜 달고 칼로리가 적다.
  - 메이플 시럽 : 다이어트용이나 환자용으로 많이 쓰인다.
  - 아가베 시럽 : 설탕보다 단맛이 강하지만 칼로리는 적다.

발효청이 식생활에 빠르게 확산된 이유는?

첫째, 누구나 쉽게 만들 수 있다.
둘째, 보관이나 이용이 편리하다.
셋째, 계절에 관계없이 언제든지 만들고 먹을 수 있다.
넷째, 탕약처럼 맛이 쓰지 않고 맛있게 먹을 수 있다.
다섯째, 단식을 할 때도 먹을 수 있으며 남녀노소 누구에게나 안전한 음식이다.
여섯째, 식생활에서 보편적으로 많이 이용하는 재료를 사용하며 주변 산과 들에서 흔히 볼 수 있다.

발효청 145

🍴 우엉 샐러드

재료 우엉(10cm) 2토막, 빨간 · 파란 파프리카 1/2개씩, 가지 1/3개, 깻잎 3장

드레싱 간장 2큰술, 우엉 발효청 1큰술, 설탕 1큰술, 식초 2큰술, 청 · 홍고추 다진 것 1큰술, 미소 된장 1작은술, 참기름 · 깨소금 약간씩

1. 우엉은 칼등으로 긁어 껍질을 벗기고 5cm 길이로 채썰어 끓는 물에 데친다.
2. 가지, 파프리카, 깻잎은 0.5cm 두께로 채썰고 드레싱은 분량대로 섞어서 차게 둔다.
3. 준비한 재료들을 큰 볼에 담아 드레싱으로 버무린 후 담는다.

잠깐 우엉은 뿌리채소로, 당질의 일종인 이눌린이 풍부하여 신장 기능을 높여주고, 섬유질이 풍부하여 배변활동을 촉진한답니다~

목이 발효청 탕수

재료 목이버섯 300g, 빨간·노란 파프리카 1/2개씩, 오미자 발효청 1컵, 소금·식용유 약간씩

튀김옷 밀가루 1/2컵, 녹말가루 1/2컵, 물 1/2컵, 달걀흰자 1개, 소금 1작은술, 후춧가루

녹말물 녹말가루 1큰술, 물 1큰술

잠깐 목이버섯에 튀김옷을 입혀 튀겼더니 하얀 꽃이 핀 듯해요. 오미자청을 만들어 찍어 먹기도 하고 튀긴 것을 버무려도 보았더니 입도, 눈도, 귀도 즐겁네요.

1. 목이버섯을 따뜻한 물에 불리고 밑부분에 지저분한 것을 제거하여 한 입 크기로 자른다.
2. 파프리카는 사방 3cm 길이로 썬다.
3. 튀김옷은 분량대로 섞어서 손질한 목이버섯에 튀김옷을 입히고 180℃ 기름에 튀긴다.
4. 팬에 발효청을 넣고, 끓으면 준비한 버섯과 파프리카를 넣고 녹말물을 섞어 마무리한다.

🍴 고추 발효청 멸치볶음

재료 잔멸치 200g, 청·홍고추 1개씩, 통깨 약간

양념 간장 4큰술, 고추 발효청 4큰술, 설탕 1작은술

1. 멸치는 기름을 두르지 않은 팬에 볶아서 가루를 털어낸다. 고추는 어슷하게 썬다.
2. 팬에 분량의 양념을 넣고 끓이다가 바글바글 끓으면 1을 넣고 윤기 나게 볶는다.
3. 통깨로 마무리한다.

잠깐 고추 발효청 외에도 향이 강하지 않은 여러 가지 발효청을 사용하면 된답니다~

🍴 발효청 부추무침을 곁들인 새송이전

재료: **새송이버섯** 50g, **부추** 30g, **홍고추** 1개, **달걀** 1개, **밀가루** 2큰술, **식용유** 약간

양념: **발효청** 1큰술, **액젓** 1작은술, **깨소금** 1작은술, **참기름**·**소금**·**후춧가루** 약간씩

잠깐 부추 대신 삼채를 이용해도 좋아요. 삼채는 고혈압, 당뇨, 고지혈증 등 성인병 예방에 매우 좋답니다~

1. 새송이버섯은 밑둥을 정리하고 길이로 얄팍하게 잘라 소금과 후춧가루로 밑간을 한다.
2. 달걀은 풀어서 준비한다.
3. 부추는 깨끗이 씻어서 물기를 제거하고 5~6cm 길이로 잘라서 준비한다.
4. 홍고추는 씨를 제거하여 부추와 같은 길이로 채썬다.
5. 새송이버섯은 밀가루를 앞뒤로 살짝 묻혀 달걀에 적시고, 기름을 두른 팬에 앞뒤로 노릇노릇하게 굽는다.
6. 양념에 준비한 재료를 넣고 버무려서 접시에 담고, 버섯을 같이 곁들인다.

🍴 레몬 발효청 스낵랩

재료 또띠아 2장, **빨간 · 노란 파프리카** 1개씩, **양상추** 3장, **레몬청** 1컵

1. 레몬청을 냄비에 넣고 살짝 조리듯이 끓여서 레몬청 소스를 만든다.
2. 양상추는 먹기 좋은 크기로 자르고 파프리카는 굵게 스틱 모양으로 자른다.
3. 또띠아를 팬에 살짝 구워 레몬청 소스를 바른 후 준비한 재료들을 넣고 말아준다.

잠깐 취향에 따라 스낵랩에 닭가슴살이나 햄을 같이 넣어도 좋아요~

🍴 발효청 소스 두부강정

재료: 두부 1모, 청·홍고추 1개씩, 다진 파 1큰술, 다진 마늘 1큰술, 발효청 1/2컵, 전분가루 1/2컵, 식용유 약간

1. 두부는 물기를 제거하고 소금과 후춧가루로 밑간을 한 다음 전분가루를 묻혀서 180℃ 기름에 바싹 튀긴다.
2. 청고추, 홍고추는 사방 0.5cm 크기로 자른다.
3. 팬에 기름을 두르고 다진 파, 다진 마늘로 향을 낸다. 다진 고추를 넣고 발효청을 넣어 바글바글 끓이다가 튀긴 두부를 넣고 버무린다.

잠깐 두부는 가격이 저렴하고 영양이 많아요. 깐풍 소스를 만들거나 양념치킨 소스를 만들어 사용해도 좋답니다~

🍴 생강 발효청 고등어조림

 재료 **고등어** 1마리, **두부** 1/2모, **무** 100g, **양배추** 100g, **대파** 1대, **홍고추** 2개

 밑간 **청주** 1큰술, **생강즙** 1작은술, **소금·후춧가루** 약간씩

 양념 **다시마 육수** 1컵, **생강 발효청** 3큰술, **간장** 3큰술, **청주** 2큰술, **다진 마늘** 1큰술

1. 고등어는 살코기만 발라 도톰하게 자르고 밑간을 한다.
2. 두부, 무, 양배추는 5×7cm 길이로 썰고 대파와 고추는 어슷하게 썬다.
3. 냄비에 잘라둔 두부, 무, 양배추를 깔고 먼저 끓인다.
4. 밑간한 고등어를 올린 다음 분량의 양념을 올리고 끓인다.
5. 끓기 시작하면 약한 불에서 조리다가 마지막에 대파와 홍고추를 올려서 그릇에 담는다.

🍴 황기 발효청 햄버그스테이크

재료 다진 쇠고기 150g, 다진 돼지고기 150g, 양파 1개, 셀러리 1/2개, 당근 1개, 오이 1개, 고구마 2개, 목이버섯 3장, 콘옥수수 2큰술, 통조림 완두콩 2큰술, 녹말가루 1큰술, 소금·후춧가루·식용유 약간씩

소스 물 2큰술, 맛간장 2큰술, 황기 발효청 1/2컵, 청주 1큰술, 녹말가루 1작은술, 후춧가루 약간

1. 양파와 셀러리를 다져서 팬에 볶는다.
2. 다진 고기, 녹말가루, 소금, 후춧가루를 넣고 치대어 둥글납작하게 반죽을 빚은 후, 식용유를 두른 팬에 앞뒤로 노릇하게 지진다.
3. 당근 3/4개, 오이, 고구마는 스테이크와 곁들이는 가니시로, 한 입 크기로 잘라서 기름을 두른 팬에 볶는다.
4. 양파와 당근은 작게 자르고 목이버섯은 야채와 비슷한 크기로 자른다.
5. 고기를 구운 팬에 손질한 야채를 볶다가 스테이크 소스를 넣고 걸쭉한 농도로 끓인다.
6. 구운 햄버그스테이크와 야채 가니시를 접시에 담고 스테이크 소스를 뿌린다.

🍴 적양파 발효청 오리불고기

재료 　**오리고기** 500g, **적양파** 1/2개, **대파** 1/2대

양념 　**고추장** 3큰술, **고춧가루** 1큰술, **간장** 1큰술,
적양파 발효청 2큰술, **다진 마늘** 1큰술, **생강즙** 1큰술, **청주** 1큰술

1. 오리고기는 먹기 좋은 크기로 잘라 찬물에 살짝 씻어 물기를 뺀다.
2. 양파는 굵게 채썰고 대파는 어슷하게 썬다.
3. 양념은 분량대로 섞어서 물기를 제거한 오리고기에 버무리고 팬에 볶는다.
4. 오리고기가 어느 정도 익으면 양파와 대파를 넣고 살짝만 익혀서 접시에 담는다.

잠깐 오리고기의 기름은 불포화지방이라 많이 먹어도 상관없어요. 먹고 남은 고기에 밥을 볶아 드시면 정말 별미랍니다~

🍴 오미자 발효청 그린샐러드

 재료 양상추 50g, 치커리 20g, 오이 1개, 적양파 1/2개, 빨간·노란 파프리카 1/2개씩, 깻잎 5장

 소스 오미자 발효청 3큰술, 레몬즙 2큰술, 다진 적양파 1큰술, 간장 2큰술, 참기름 1큰술, 통깨 1큰술

 잠깐 발사믹 식초를 사용하면 더 고급스럽고 진한 샐러드 소스를 즐길 수 있어요~

1. 소스는 분량대로 섞어서 냉장고에 넣고 차게 한다.
2. 양상추와 치커리는 먹기 좋은 크기로 손으로 뜯어 찬물에 담갔다가 물기를 제거한다.
3. 오이, 적양파, 파프리카, 깻잎은 5cm 길이로 굵게 채썰어 그릇에 보기 좋게 담는다.
4. 먹기 직전에 소스를 뿌린다.

김치

Pickled Vegetables

소금에 절인 무, 배추 등을 파, 마늘, 고춧가루 등의 양념에 버무린 후 발효시킨 음식

　우리나라의 대표적인 발효음식 중 하나라고 할 수 있는 김치는 기본 상차림에서도 빠지지 않는 반찬이다. 이제는 우리나라뿐만 아니라 세계적으로도 김치가 매우 유명해져서 외국인들도 즐겨 먹는 음식이 되었다.
　김치는 담가 두고 먹기도 하지만 샐러드처럼 즉석에서 만들어 먹기도 한다.

각 나라를 알리는 외국의 어느 페스티벌에 간 적이 있다

　나라별로 전통춤이나 음식 등 유명한 것들을 자랑하는 일종의 잔치였는데, 우리나라는 태권도, 부채춤, 한복 등을 선보였다. 음식으로는 김치와 불고기를 준비했는데 의외로 외국인들이 김치를 좋아하고 맛있게 먹는 모습을 보았다. 피부색과 젓가락질이 서툰 것을 제외하고는 우리나라 사람과 다를 바가 없었다.

　간혹 맵다고 얼굴이 붉으락푸르락하면서 물을 찾는 외국인들도 있었지만 생각보다 너무 잘 먹었고, 맛있다며 엄지를 치켜세우는 이들도 많았다. 이런 다양한 시도를 통해 김치 본연의 맛은 살리면서 세계적인 김치로 알려야겠다는 책임감이 생겼다.

　김치는 담가 두고 먹기도 하지만 즉석에서 샐러드처럼 바로 먹기도 한다. 주로 무나 알타리로 담근 김치를 좋아하는 나는 여러 가지 김치를 담글 필요가 없었다.

　하지만 우리나라 요리를 연구하면서 김치의 종류가 매우 다양하다는 것을 알게 되었고, 2014년 10월 한국발효음식협회가 창단되면서 그동안 연구한 결과를 『팔도김치와 퓨전요리』라는 책으로도 엮어 놓았다.

김치의 유래

　김치는 배추 등의 채소류를 주원료로 하여 절임, 양념의 혼합공정을 거쳐 그대로 또는 발효시켜 가공한 것이다. 김치는 3,000여 년 전부터 '저'라는 이름으로 만들어져 왔으며 무, 순무 등을 소금에 절여서 저장했다가 먹던 것에서 유래되었다.

　삼국 시대 이전의 문헌에서는 '저'에 관한 기록을 발견할 수 없지만 예로부터 우리 민족이 소금을 생산한 것과 함께 젓갈, 장 등의 발효식품이 만들어진 시기를 생각해 보면 삼국 시대 이전부터 김치를 만들어 먹었던 것으로 짐작된다. 이때의 김치는 채소를 소금으로만 절이거나 간장, 식초, 술지게미 등에 절인 형태로 존재하였는데, 이는 오늘날의 장아찌와 비슷한 절임법으로 발효기술이 바탕이 된 훌륭한 저장식품이었다.

　고려 시대에는 김치에 사용되는 채소가 더욱 다양해졌고, 단순히 소금에 절이는 형태에서 벗어나 파, 마늘과 같은 향신료가 김치의 양념으로 등장하기 시작했다. 이때 김치의 우리말 표기인 '침채'라는 한자가 생겨났으며 부추, 순무, 미나리, 죽순 등 다양한 채소를 사용하여 김치를 만들어 먹었다고 기록되어 있다.

김치의 효능

　김치는 우리나라의 대표적인 발효식품으로, 김장 후 장독에서 숙성되면서 발생하는 젖산균이 위장 내 유해균의 움직임을 억제시켜 병원균을 방해하고, 각종 야채에서 나오는 즙이 위장 내 단백질 분해효소인 펙틴의 분비를 촉진시켜 소화에 도움을 준다.

　또한 김치에 있는 칼슘 성분이 골격을 강화시켜 골다공증을 예방한다.

○ 김치의 효능

영양 공급	노화 억제	소화 작용
약리 작용	정장 작용	혈압 조절
항암 효과	항균 작용	골다공증 예방

김치의 종류

계절에 따른 분류

○ **봄**
파김치, 봄갓김치, 돌나물김치, 햇배추김치, 얼갈이김치

○ **여름**
열무김치, 오이소박이, 부추김치, 양배추김치, 나박김치

○ **가을**
총각김치, 가지김치, 깻잎김치, 고춧잎김치, 고들빼기김치

○ **겨울**
백김치, 깍두기, 보쌈김치, 통무김치, 통배추김치

지역에 따른 분류

- **서울 · 경기도 – 총각김치, 순무김치**
  화려하고 가짓수가 많은 편이며, 싱겁지도 짜지도 않은 중간 맛을 낸다.
  * 궁중김치와 같이 깔끔하고 담백한 맛이 난다.

- **강원도 김치 – 해물김치, 파래김치, 창난젓 깍두기**
  절인 배추에 채썬 생오징어와 꾸덕하게 말려서 잘게 썬 생태살로 만든 김칫소를 넣는다. 감칠맛을 내기 위해 멸치 육수와 새우젓국을 섞은 육수에 배추를 살짝 담갔다가 사용한다.
  * 멸치 국물로 인해 담백하고 시원한 맛이 난다.

- **충청도 김치 – 오이지, 나박김치**
  서울 · 경기도에 비해 양념을 적게 사용하며 소박하고 담백하며 구수한 맛을 낸다. 갓, 파, 미나리, 삭힌 풋고추 등을 부재료로 많이 사용한다.
  * 김치를 '짠지'라 하여 배추로 담근 것을 '배추짠지', 무로 담근 것을 '무짠지'라 한다. 큰 통에 소금을 켜켜이 넣고 여러 항아리에 담그는 것이 특징이다.

- **경상도 – 깻잎김치, 콩잎김치, 고구마김치**
  고춧가루와 마늘을 많이 사용하여 얼얼하고 매운 맛을 낸다. 따뜻한 기후 때문에 김치가 쉽게 익는 것을 막기 위해 간을 짜게 하고 젓갈을 많이 사용한다.
  * 맛은 자극적이지만 모양은 소박하며 특유의 감칠맛이 난다.

- **전라도 – 오이소박이, 고들빼기김치**
  멸치 육수를 많이 사용하여 색이 탁하지만 깊은 맛이 나고, 참깨와 계피가루를 넣어 독특한 향과 쌉쌀한 맛이 난다.
  * 맵고 짭짤하지만 진하고 감칠맛이 강하다.

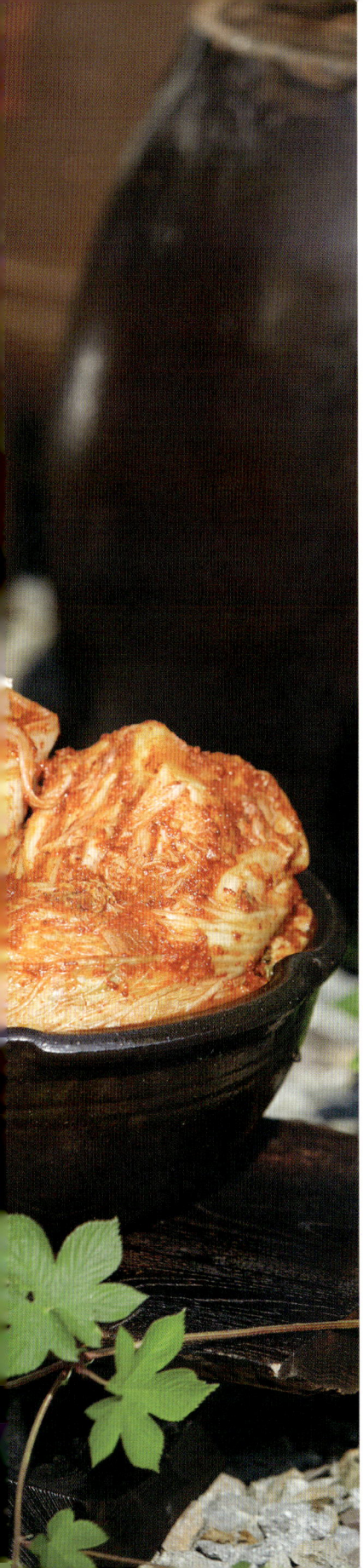

○ **제주도 – 전복김치, 동지김치**

한겨울에도 싱싱한 채소를 구할 수 있기 때문에 김장을 많이 하지 않고 조금씩 담가 먹는 것이 특징이며, 해물이 많이 들어가고 국물을 넉넉히 부어 담그는 김치가 많다.

＊ 종류가 다양하지는 않지만 사계절 싱싱한 맛을 느낄 수 있다.

○ **평안도 – 백김치, 동치미, 가지김치**

날씨가 추워 김치가 쉽게 익지 않기 때문에 간을 삼삼하게 하고, 국물을 넉넉하게 부어 짜거나 맵지 않으며, 깨끗하고 톡 쏘는 시원한 맛을 낸다. 김칫소를 적게 사용하며 국물을 많이 사용한다.

＊ 고춧가루를 적게 사용하는 대신 쇠고기 육수를 사용하기 때문에 시원하고 감칠맛이 난다.

○ **함경도 – 쑥갓김치, 콩나물김치, 가자미식해**

맵지만 간을 짜지 않게 하고, 김칫국을 넉넉하게 부어 만들기 때문에 익으면 국물이 싱겁지만 산뜻한 맛을 낸다. 생선이 흔하여 김치에도 젓갈 대신 생태, 굴 등 기름기 없는 해산물을 많이 넣는다.

＊ 고수, 마늘 등의 양념을 많이 넣어 자극적인 맛을 즐기기도 한다.

○ **황해도 – 호박김치, 고수김치, 섞박지**

서울·경기도, 충청도 김치와 맛이 비슷하다. 새우젓, 조개젓으로 깔끔한 맛을 내고, 싱겁지도 짜지도 않은 중간 맛을 내며, 고수와 분디를 넣어 향긋한 향을 풍긴다.

＊ "배추김치에는 고수가 좋고 호박김치에는 분디가 제일이다."라는 말이 있다.

김치의 주재료

○ **배추**

속이 너무 꽉 찬 것보다 80% 정도 찬 것이 좋다. 줄기를 눌렀을 때 단단한 것이 수분이 많고 신선한 것이며, 들었을 때 묵직한 것이 좋다.

○ **무**

들었을 때 묵직하고 단단하며, 겉에 상처가 없고 흰 빛이 돌며 윤기 나는 것이 좋다.

* 싱싱한 무청이 길게 달려 있고 매운맛이 강한 재래종 조선무를 골라야 수분이 적당하고 심이 배겨 있지 않다.

○ **총각무**

크지 않고 단단하며 둥글둥글한 것이 좋고, 무청이 길지 않고 많이 달려 싱싱한 것이 좋다.

○ **초롱무**

5~6월 사이와 9월에 잠깐 나오는 초롱무는 맵고 아린 맛이 나며, 달고 아삭한 맛은 좀 덜하다. 매운맛이 있어서 충분히 숙성시켜 먹으면 좋다.

열무

줄기가 굵고 잔털이 가시처럼 나 있으며, 진초록이고 한 뼘 반 정도 되는 길이가 좋다. 크기가 작고 연한 것을 고른다.

* 열무는 잎을 주로 먹는 채소이다. 소금을 직접 뿌리면 잎이 상하므로 소금물로 절이고 헹궈야 맛이 유지된다.

순무

순무는 배추 뿌리의 맛과 비슷하며, 팽이처럼 둥글고 껍질이 선명한 자주색을 띠고 있다. 잔털이 많지 않고 향이 진하면서 무청이 싱싱하게 달린 것이 좋다.

얼갈이배추

잎이 너무 크지 않고 연하며 겉잎의 색이 선명한 푸른색을 띠는 것이 좋다. 담근 즉시 먹어도 신선한 맛 그대로 좋고, 젓갈로 담가서 익혀 먹어도 맛이 좋다.

* 질감이 연하므로 살짝만 절이고, 많이 버무리면 풋내가 나므로 주의한다.

고들빼기

뿌리가 굵고 잎은 꺼칠꺼칠하며 윤기 나는 것이 좋다. 소금물에 일주일 정도 담가 쓴맛을 우려내고 진한 젓국 양념을 하여 오래 곰삭혀야 깊은 맛이 난다.

* 재배한 것은 쓴맛이 적으므로 오래 삭히지 않아도 좋다.

김치 **165**

배추김치 담그기

재료 배추 2포기, 굵은 소금 3컵, 물 15컵, 무 1/2개, 쪽파 50g, 미나리(부추) 30g

양념 고춧가루 2컵, 찹쌀풀 2컵, 새우젓 100g(1/2컵), 멸치액젓 100g, 설탕 1큰술, 파 200g, 다진 마늘 5큰술, 다진 생강 2큰술

1. 배추를 다듬고 밑동에서 배추의 반 정도까지 칼을 넣어서 손으로 벌려 2등분 한다. 배추가 크면 4등분 한다.
2. 물 10컵에 굵은 소금 2컵을 녹인 후 배추를 담가 절인다.
3. 절인 배추를 건져서 남은 굵은 소금을 켜켜이 뿌리고 4시간 정도 절인 후, 한 번 뒤집어서 다시 3시간 정도 절인다. 크기나 계절에 따라 시간을 조절한다.
4. 절인 배추를 흐르는 물에 3번 정도 씻고 채반에 엎어 물기를 뺀다.
5. 무는 5cm 길이로 채썰고, 쪽파와 미나리는 손질하여 4cm 정도의 길이로 자른다.
6. 무채에 고춧가루를 버무려 불린 후 나머지 양념과 재료들을 넣고 함께 섞는다.
7. 배춧잎 사이사이에 버무린 속을 켜켜이 넣고, 양념이 흘러나오지 않도록 배추 겉잎으로 감싸서 통에 차곡차곡 담는다.
8. 김치를 버무린 그릇에 물을 넣어 김칫국물을 만든 후 김치를 담은 통에 붓고 꾹꾹 누른다.

Tip 배추 절이기
- 배추를 절일 때는 무김치를 절일 때보다 시간을 오래 둔다.
- 배추를 절일 때 최적의 염도는 8~10%가 적당하다(배추 1kg당 소금 20g 정도).

김치 담그기 포인트

○ 재료와 양념 준비

- 재료 : 배추 1kg, 부추 50g
- 양념 : 홍초 8개, 양파 1/2개, 배 1/4개, 사과 1/4개, 마늘 5개, 생강 100g, 물 1/2컵, 새우젓 2작은술, 멸치액젓 2작은술, 밤(곱게 갈은 것) 2작은술, 고춧가루 2/3컵

○ 배추 절이기

- 재료 : 배추 1포기, 굵은 소금 1컵, 물 5컵
- 여름 : 4~5시간
- 겨울 : 10시간(1~2시간 간격으로 뒤집어 준다.)

Tip 저염 배추 절이기
- 배추 1포기, 굵은 소금 2/3컵을 넣고 소금물에 24시간 절인다.
- 무거운 물체로 눌러 배추가 소금물에 잠기게 한다.

○ 김치 육수

- 재료 : 노가리(감칠맛 내는 용도), 생태, 황태, 북어 대가리, 사골(뼈육수)

○ 풀국

- 재료 : 늙은 호박, 찹쌀죽, 들깨죽, 보리밥, 콩물, 쌀죽(고구마가루, 콩가루)

○ 젓갈

- 재료 : 갈치속젓, 새우젓, 멸치젓, 멸치액젓, 생새우, 굴, 황석어젓

이영순표 김장 양념하기
(절인 배추 40kg 기준)

○ 육수 만들기

 재료 대파 3대, 마른 새우 50g, 무(中) 1개, 마른 황태 200g, 마른 표고 버섯 50g, 마른 고추씨 30g, 마른 대추 300g, 누른 호박 1/3개, 양파 1개, 메주콩 100g, 양배추 1/4쪽, 찹쌀가루 2컵, 소주 1컵, 마른 다시마 3장, 다시멸치 200g, 통후추 10알, 감초·황기 약간씩

1. 누른 호박, 대추, 양파, 양배추, 메주콩을 삼베주머니에 담고 다시마와 다시멸치를 제외한 재료를 넣고 끓여서 육수를 만든다.
2. 끓인 육수에 다시마와 다시멸치를 넣고 불을 끈다. 뚜껑을 덮고 30분 후 건져낸다.
3. 호박과 대추는 고운체에 거르고, 육수를 부어가며 양파, 양배추, 메주콩을 믹서에 간다.
4. 2의 육수를 사용하여 찹쌀풀을 끓여둔다.

○ 양념하기

 재료 고춧가루 1근, 간 마늘 1kg, 간 생강 1/2컵, 새우젓 1/4컵, 까나리액젓 2컵, 소주 1/2컵, 멸치액젓 5컵, 무 2개, 미나리 반단, 청갓 반단, 홍고추 200g, 소금 1컵, 대파 흰 부분 5대, 배 4개, 단감 8개, 다시육수 3L

1. 미나리, 대파, 청갓은 4cm 길이로 채썬다.
2. 배와 단감은 깨끗이 씻어서 씨만 제거하고 다시육수를 넣어 껍질째 믹서에 간다.
3. 준비한 재료를 모두 섞어 양념을 만든다.
4. 소금으로 간을 한다.

이영순표 김장 양념하기
(절인 배추 380kg 기준)

○ 육수 만들기

재료

대파 1단, 다시멸치 1포, 소주(大) 1/2병, 마른 새우 200g, 마른 다시마 100g, 무(大) 3개, 마른 황태 1kg, 마른 표고버섯 500g, 마른 고추씨 300g, 통후추 20g, 양파 1kg, 메주콩 1kg, 마른 대추 3kg, 양배추 1망, 찹쌀 4kg, 누른 호박(大) 3개, 감초·황기 약간씩

○ 양념하기

재료

고춧가루 25kg, 간 마늘 12kg, 간 생강 2kg, 새우젓 2kg, 까나리액젓 2kg, 소주(大) 1/2병, 멸치액젓 2kg, 무(大) 7개, 미나리 3단, 청갓 3단, 홍고추 2kg, 소금 1kg, 대파 2단, 배 1상자, 단감 20kg, 다시육수 50L

> **Tip 김장 김치**
> 3~4일 실온에서 숙성시켜 10℃의 온도에서 20일 냉장 숙성시켰을 때 가장 맛있다. 0~5℃에서는 3개월 이상 저장 가능하다.

김치 171

단감 비지미김치

재료 단감 10개, 쪽파 5줄, 통깨 약간

양념 고춧가루 1/2컵, 새우젓 2큰술, 액젓 4큰술, 다진 마늘 2작은술

1. 단감은 깨끗이 씻어서 껍질을 벗기고 씨가 들어가지 않도록 떼져 썬다.
2. 쪽파도 깨끗이 씻어서 물기를 제거하고 4cm 길이로 자른다.
3. 큰 볼에 단감과 고춧가루를 넣고 고춧물을 낸다.
4. 3에 나머지 양념을 넣어서 버무리고 준비한 쪽파와 통깨를 넣어서 마무리한다.

> **잠깐** 단감으로 김치를 만드는 거 모르셨죠? 단감의 단맛으로 인해 설탕을 사용하지 않아도 되고 아이들에게 정말 좋은 김치랍니다.

🍴 민들레김치

재료 민들레 1kg, **소금물**(굵은 소금 2큰술, **물** 5컵), 통깨 약간

양념 고춧가루 2큰술, 찹쌀풀 3큰술, 다진 마늘 1큰술, 멸치액젓 4큰술, 새우젓 1큰술

잠깐 보쌈을 먹을 때 민들레 잎으로 쌈을 싸 먹으면 쌉싸름한 맛이 고기의 맛을 더욱 좋게 한답니다!

1. 민들레 뿌리는 작은 칼로 긁듯이 깨끗이 다듬는다.
2. 소금물에 1시간 정도 절인 후 흐르는 물에 씻어서 건지고 물기를 제거한다.
3. 분량의 양념을 섞어서 1의 민들레를 넣고 버무린다.
4. 항아리에 담는다.

🍴 상추김치

재료 상추 500g, 굵은 소금 2큰술, 감자(大) 1개, 풋고추 2개, 홍고추 2개

양념 고춧가루 1/3컵, 액젓 2큰술, 다진 마늘 1큰술, 설탕 2작은술, 깨소금 1큰술, 소금 약간

> **잠깐** 상추의 대를 꺾어 보면 하얀 진액이 나오는데, 이것이 여성 질환에 좋다고 해요. 점점 몸에 좋은 것을 찾게 되네요~

1. 상추는 잘 씻어서 물기를 제거한다.
2. 감자는 껍질을 벗겨 얄팍하게 썰고, 물 1컵 반을 붓고 삶아서 감자물을 준비한다.
3. 풋고추와 홍고추는 어슷하게 썬다.
4. 물기를 뺀 상추의 줄기 부분은 칼등이나 돌로 다지고 소금을 살짝만 뿌려서 절인다.
5. 감자물에 분량의 양념을 섞어서 4의 절인 상추를 넣고 살살 버무린다.

🍴 홍합부추김치

재료 부추 200g

양념 고춧가루 2큰술, 홍합가루 1큰술, 다진 마늘 1큰술, 액젓 2큰술, 통깨

1. 부추는 물에 살살 흔들어 깨끗이 씻고 물기를 제거한다.
2. 부추에 양념을 섞어서 버무린다.

잠깐 부추는 잎이 푸르고 가늘며, 길이가 짧은 것이 재래종이에요!
잎이 연하기 때문에 양념을 버무릴 때 살살 버무려야 풋내가 나지 않는 답니다~

🍴 비트 물김치

재료 비트 150g, 무 150g, 미나리 20g, 실파 20g, 홍고추 1개, 물 4컵, 소금 2큰술

양념 밀가루풀 1컵, 배즙 1/2컵, 소금 약간

> 잠깐 비트는 재배하기 쉽고 풀 전체를 식용할 수 있어서 인기작물이라고 해요!

1. 물에 소금을 넣고 끓여서 식히고, 밀가루풀과 배즙을 섞어 소금으로 간을 하여 김칫국물을 만든다.
2. 재료들을 깨끗이 씻어서 물기를 제거한다.
3. 비트와 무는 사방 3cm 길이로 나박 썰고 미나리와 실파도 같은 길이로 자른다.
4. 준비한 재료들을 통에 넣고 1의 김칫국물을 넣어서 섞은 후 하루 정도 숙성시켜서 냉장고에 보관한다.

🍴 총각무김치

재료: 총각무 3단, 소금물(굵은 소금 2컵, 물 10컵)

양념: 고춧가루 1컵, 찹쌀풀 1컵, 다진 마늘 1/2컵, 다시마 육수 1컵, 멸치액젓 1컵, 새우젓 1큰술, 통깨·다진 생강 약간

> **잠깐** 총각무는 단단하고 무청이 짧으면서도 연한 것을 고르세요. 무를 먹었을 때 물이 많고 단것을 고르면 실패할 염려가 없답니다~

1. 총각무는 시든 잎을 떼고 깨끗이 씻는다.
2. 큰 것은 2~4등분 하고 소금물에 무를 재워 2시간 정도 절인 후, 이파리가 잠기도록 1시간 정도 더 절인다.
3. 무가 휘어질 정도로 절여지면 찬물에 2~3번 헹궈서 물기를 제거한다.
4. 분량의 양념을 섞어서 버무린다.

🍴 열무김치

재료 열무 3단, 소금물(물 10컵, 굵은 소금 1컵), 통깨 약간

양념 고춧가루 1컵, 다진 마늘 1컵, 다진 생강 1큰술, 멸치 액젓 1컵, 멸치 생 젓국물 1/4컵

1. 열무의 뿌리 부분을 칼끝으로 긁는다.
2. 줄기는 시든 것을 잘라내고 깨끗이 씻은 후 소금물에 절이는데, 중간에 한번만 뒤집는다.
3. 분량대로 양념을 섞어서 절인 열무를 통째로 버무린다.
4. 통에 담고 상온에서 하루 익힌 후 냉장고에 넣어서 익혀 먹는다.

잠깐 경상도에서는 열무로 겉절이김치를 담글 때 산초가루를 넣어서 담근대요.
산초 특유의 향이 있어 여름철에 입맛이 없을 때 먹으면 입맛을 돋우어 주기도 한답니다~

돌나물 물김치

재료 돌나물 150g, 홍고추 1개, 밀가루 1큰술, 물 1컵

양념 밀가루풀 1/2컵, 물 2컵, 고춧가루 1큰술, 소금 1작은술

잠깐 돌나물에는 칼슘, 비타민 C가 풍부하여 입맛을 돋워줄 뿐만 아니라 해열 작용과 해독 작용도 한다고 해요!

1. 물 1컵에 밀가루를 넣고 약한 불에 잘 저어가며 밀가루풀을 쑤어 식힌다.
2. 돌나물을 깨끗이 손질하여 씻고 물기를 제거한다. 홍고추는 어슷하게 썬다.
3. 면포에 고춧가루를 넣고 물에 넣었다 뺐다 하면서 고춧물을 낸다.
4. 밀가루풀에 고춧물을 넣고 소금으로 간을 한다.
5. 손질한 돌나물과 홍고추를 넣고 실온에서 하루 정도 숙성시켜 냉장 보관한다.

🍴 오이소박이

 재료 **오이** 10개, **부추** 50g, **소금물**(굵은 소금 1컵, 물 10컵), **굵은 소금** 1/2컵

 소스 **고춧가루** 1/2컵, **찹쌀풀** 4큰술, **액젓** 5큰술, **다진 마늘** 4큰술, **생강즙** 1작은술, **통깨** 약간

> 잠깐 오이를 절이기 전에 꼭지를 자르면 맛있는 부분이 다 빠져 나간대요! 오이는 통째로 절였다가 나중에 자르세요.

1. 오이를 굵은 소금으로 문질러 깨끗이 씻는다.
2. 소금물에 아래위로 뒤집어가며 1시간 정도 절였다가 물기를 제거한다.
3. 6~7cm 길이로 자르고 지그재그 또는 십자(+) 모양으로 칼집을 넣는다.
4. 부추는 2~3cm 길이로 잘라서 분량의 양념을 넣고 오이에 버무린 후 통에 담는다.

젓갈

Salted Seafood

소금을 가하여 발효·숙성시킨 것 또는
이를 분리한 여액에 다른 식품이나
첨가물을 가하여 가공한 것

짭짤한 젓갈 한 종지면 밥 한 그릇이 금방 뚝딱이라 젓갈을 밥도둑이라고들 한다. 잘 익은 젓갈에는 단백질과 지방을 분해하는 효소가 많이 들어 있어 소화를 도와준다.
   요즘도 돼지고기를 먹을 때 새우젓을 곁들이고 체했을 때 토하젓을 한 순갈 먹는 것은 이런 이유 때문이다.

나는 재래시장
구경하기를 좋아한다

　활기찬 목소리에 사람 냄새 나는 정겨운 풍경을 즐기기 위해, 그리고 내 삶이 힘에 겨워 지쳐있을 때 종종 재래시장을 찾는다. 그곳에 가면 시장 특유의 활기차고 생동감 넘치는 현장이 나태해진 나를 다시 추슬러주며 새로 마음을 다잡게 한다.

　촌스럽게 튀겨진 호떡, 사계절 내내 판매하는 삶은 옥수수, 따뜻한 콩국, 인삼즙, 원하는 만큼 선택하여 즉석 포장이 가능한 각종 횟감 등 맛있는 간식과 신선한 수산물을 사 먹는 재미 또한 재래시장이 주는 즐거움이고 행복이다.

　경남 창원은 시장이 바다와 접해 있어 각종 수산물이 매우 풍부하다. 특히 미더덕, 홍합, 멍게는 전국 생산량의 70% 정도가 이 지역에서 생산된다. 지방자치단체에서는 다양한 매체를 통해 지역특산물을 홍보하고 있는데, 나 역시 연구활동에 참여한 서적으로 『해초와 미더덕』, 『홍합을 이용한 가공식품의 개발』 등이 있다.

젓갈의 유래

젓갈은 어류나 어류의 내장 등에 소금을 가하여 부패균의 번식을 억제하고, 어패류 자체의 효소와 외부 미생물의 효소작용으로 육질을 분해시킨 독특한 맛과 풍미가 있는 발효식품이다.

『삼국사기』에 의하면 신라에서는 궁중 의례음식으로 '해'가 사용되었다고 한다. '해'는 오늘날의 젓갈을 의미하는 것으로『삼국사기』,『신라본기』에 그 기록이 있으며, 신문왕이 왕비를 맞이하기 위한 폐백음식으로 사용했다고 전해진다.

좀 더 구체적인 자료는 중국의『제민요술』에서 찾을 수 있다. 제민요술에는 한나라의 황제인 무제(武帝)가 동이(동이족)를 쫓아 산둥반도에 이르렀을 때, 어디선가 좋은 냄새가 나서 찾아보게 하였더니 물고기를 소금에 절여서 흙으로 덮어둔 항아리에서 나는 냄새였다는 기록이 있다.

이것이 바로 젓갈이었다고 전해진다. 당시에는 동이를 쫓다가 얻었기 때문에 '축이'라고 했는데, 이것이 지금의 액젓과 같은 것으로 짐작된다.

젓갈의 종류

유형에 따른 분류

- **젓갈류**

    소금을 침장원(가라앉혀서 저장하는 원료)으로 사용하여 발효시킨 것으로, 식염만을 첨가하여 만드는 방법과 양념류를 첨가하여 만드는 방법으로 구분한다.
    식염만을 첨가하여 발효시키는 젓갈류에는 새우젓, 조개젓, 갈치속젓, 멸치젓 등이 있고, 양념류를 첨가하여 제조하는 젓갈류에는 명란젓, 창란젓, 오징어젓, 꼴뚜기젓 등이 있다.

- **식해류**

    소금을 침장원으로 사용하는 젓갈류와는 달리 곡류를 혼합하여 숙성·발효시킨 것으로, 가자미식해, 명태식해 등이 있다.

- **액젓**

    식염만을 첨가하여 제조하는 방법에서는 젓갈과 동일하지만, 2~3개월 숙성·발효시켜 원료가 완전히 분해되지 않은 상태에서 식용하는 것과는 달리 숙성기간을 6~24개월 정도 연장하여 만드는 방법이다.

부위에 따른 분류

○ **생선의 어체 전체를 사용하는 젓갈류**

멸치, 정어리, 오징어, 전어, 갈치, 밴댕이, 꼴뚜기, 아가미식해, 가자미식해, 전어, 낙지젓

○ **생선의 내장이나 기관을 이용한 젓갈류**

- 명란젓

  명태의 알인 명란으로 담근 젓으로, 고춧가루로 매운맛을 낸다.

- 창난젓

  명태의 창자로 담근 젓으로, 고춧가루로 매운맛을 낸다. 갈치속젓, 전어밤젓, 전복내장젓, 성게알젓, 청어알젓, 연어알젓, 대구아가미젓 등이 있다.

○ **조개, 갑각류를 이용한 젓갈류**

- 새우젓

  작은 새우로 담근 젓으로, 가장 일반적으로 사용한다.

- 육젓

  6월에 수확하여 담근 새우젓으로, 새우젓 중 가장 상등품으로 치며 김장용 김치를 담글 때 가장 많이 사용한다.

- 오젓

  5월에 수확하여 담근 새우젓을 말한다.

- 토하젓

  전라도 지방의 민물새우인 토하로 담근 젓을 말한다.

지역에 따른 분류

○ **서울 · 경기도**
청어젓, 갯가재젓, 명태젓, 새우젓, 오징어젓, 조기젓

○ **강원도**
도루묵식해, 멸치식해, 명란식해, 북어밥식해, 햇떼기식해, 명란젓, 명태포식해, 방게젓, 부새우젓, 서거리젓, 오징어젓, 조개젓, 창난젓

○ **충청도**
서산어리굴젓, 밴댕이젓, 생굴젓, 곤쟁이젓, 까나리젓, 꼴뚜기젓, 꽃게젓, 실치젓, 낙지젓, 멸치젓, 민어아가미젓, 새우젓, 소라젓, 조기젓, 바지락젓, 홍합젓

○ **경상도**
가자미식해, 갈치속젓, 고등어새끼젓, 꼴뚜기젓, 굴젓, 대구아가미젓, 대구알젓, 대합식해, 멸치젓, 뱅어젓, 볼락어젓, 꽁치젓, 북어식해, 성게젓, 대구내장젓, 해삼창자젓, 전복젓, 전어내장젓, 백하젓, 조기젓, 홍합젓

○ **전라도**
벌떡게장, 토하젓, 갈치속젓, 밴댕이젓, 갈치젓, 고개미젓, 장대젓, 고노리젓, 굴젓, 꼴뚜기젓, 대합젓, 조기젓, 등피리젓, 멸치젓, 명태젓, 황석어젓, 민새우젓, 백하젓, 뱅어젓, 새우알젓, 전복창자젓, 돔배젓, 콩게젓, 해삼창자젓, 농게젓

○ **제주도**
전복내장젓, 소라젓, 멸치젓, 고등어젓, 게젓, 성게젓, 자리젓

○ **함경도, 평안도**
대하알젓, 연어알젓, 게알젓, 가자미식해, 대구젓, 도루묵식해, 동태식해, 멸치젓, 명란젓, 문어식해, 대구아가미젓, 창난젓

  * 멸치 육수를 많이 사용하여 색이 탁하고 깊은 맛이 나며, 맵고 짭짤하지만 진하고 감칠맛이 강하다.

담는 시기에 따른 분류

- 1월
  명란젓, 창란젓, 어리굴젓, 뱅어젓, 병어젓

- 2월
  어리굴젓, 멍게젓, 홍합젓, 조개젓

- 3월
  꼴뚜기젓, 어리굴젓, 곤쟁이젓, 방게젓, 조기젓, 오징어젓, 뱅어젓

- 4월
  꼴뚜기젓, 조개젓, 조기젓, 황석어젓, 대합젓, 홍합젓, 멸치젓, 석화젓, 꽃게젓

- 5월
  조기젓, 멸치젓, 준치젓, 소라젓, 정어리젓, 뱅어젓, 석화젓, 새우젓, 멍게젓

- 6월
  갈치젓, 오징어젓, 새우젓, 가자미젓

- 7월
  오징어젓, 곤쟁이젓, 새우젓, 소라젓

- 8월
  오징어젓, 대합젓, 곤쟁이젓, 소라젓

- 9월
  실치젓, 게젓, 어젓, 방게젓, 오징어젓, 대합젓

- 10월
  토하젓, 명란젓, 창난젓, 새우젓, 방게젓, 게젓, 어리굴젓, 실치젓

- 11월
  전복젓, 명란젓, 어리굴젓, 창난젓, 오징어젓, 토하젓, 낙지젓

- 12월
  굴젓, 뱅어젓, 바지락젓, 까나리젓

젓갈 189

많이 사용하는 젓갈

○ 명란젓

선도가 좋은 명태알을 물에 씻어서 10~25%의 소금에 절인다. 7~8일 정도 지나면 건져서 깨끗이 세척하고 발에 널어 물기를 충분히 제거한 후, 포장하거나 고춧가루, 다진 파, 마늘을 넣고 함께 버무린다.
참기름을 넣어 반찬으로 먹기도 하고 굽거나 찌거나 젓국찌개를 하기도 한다.

* 명란젓은 껍질이 얇고 탱글탱글한 것이 좋다.

○ 오징어젓

오징어를 갈라서 내장, 머리, 다리, 껍질을 제거하고 0.3~0.5cm 정도의 두께로 채썬다. 20~30%의 소금을 넣은 다음 고춧가루, 마늘, 생강, 물엿을 섞어 저온에서 2개월 정도 숙성시킨다.
소금에 짜게 절인 오징어젓은 일주일 정도면 먹을 수 있고 오래 두어도 변하지 않으며, 먹을 때 물에 우리고 채썰어서 무채나 갖은 양념으로 버무리기도 한다.

* 오징어젓은 몸통을 완전 탈피하고 머리와 다리가 섞이지 않은 것을 고른다.

○ 꼴뚜기젓

몸체가 큰 꼴뚜기는 2~3부위로 절단하고 작은 것은 통째로 씻어서 물기를 뺀 다음 20~25%의 소금과 고춧가루, 마늘, 생강 등을 넣고 섞어서 20℃ 내외의 온도에서 2~3주 정도 숙성시킨다. * 꼴뚜기젓은 대체로 작은 꼴뚜기로 담근 것이 좋다.

○ 창난젓

명태의 창자, 위, 알주머니를 깨끗하게 씻어서 물기를 제거하고, 소금과 번갈아 가며 항아리에 켜켜이 담아서 넣은 다음 밀봉한다. 여름에는 20일, 가을에는 50일, 겨울에는 100일 정도 숙성시킨다.

고춧가루, 마늘, 생강, 깨를 넣고 버무린 후 적당한 크기로 자른다. 익으면 꺼내서 잘게 썰고 무채와 양념을 넣어서 무쳐 먹는다.

* 창난젓은 창난 본래의 형태가 유지된 것이 좋다.

○ 어리굴젓

생굴에 붙어 있는 이물질을 제거한 후 엷은 소금물에 여러 번 씻어서 물기를 제거하고, 소금에 절였다가 고춧가루를 섞어서 숙성·발효시킨다.

담근 지 3, 4일이면 먹을 수 있으며 반찬과 술안주로 많이 이용된다.

어리굴젓은 냉동실에 보관하면 염도가 높아 얼지 않을 뿐만 아니라 장기간 보관할 수 있다.

○ 새우젓

작은 새우를 소금에 절여 만든 젓갈로 서해안에서 많이 잡히는 젓새우를 주로 이용한다. 반찬으로도 먹지만 감칠맛이 있어 소금 대신 김치 등 음식의 간을 맞출 때 조미료로 많이 이용한다. * 새우젓은 껍질이 얇고 빛깔이 흰 새우로 담근 것이 좋다.

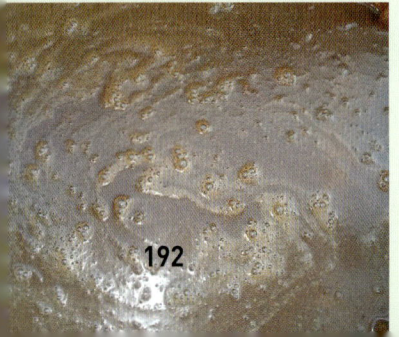

젓갈 담그기

○ 소금으로 담그는 젓갈

어패류의 살, 내장, 생식소 등에 20% 정도의 소금을 혼합하여 숙성시켜서 담그는 방법으로 '**염해법**'이라고도 하며, 우리나라에서 많이 이용하는 방법이다.

1. 생선을 소금물에 씻어서 물기를 제거한다.
2. 소금을 켜켜이 뿌리거나 균일하게 혼합하여 실온에 두고 숙성·발효시키는데, 이때 온도는 13~15℃ 정도로 서늘하게 하고 젓갈의 염도는 20~30%로 유지한다. (알젓은 보통 10% 정도).
3. 상온에서 2~3개월 숙성시키면 생선의 형태가 온전하게 유지된 젓갈을 얻을 수 있다.
4. 숙성기간을 6~12개월로 연장하면 형태가 완전히 분해된 젓갈을 얻을 수 있으며, 이것을 갈아서 여과한 후 저온살균하면 액젓을 만들 수 있다.

> **Tip 멸치젓 담그기**
> - 젓갈을 담글 때는 원재료 중량의 20~30%의 소금물로 씻은 후 생선의 내장을 빼고 담그는 것이 좋다.
> - 담근 후에는 무거운 돌로 눌러서 생선의 어체가 완전히 잠기도록 하고, 상부와 하부의 염도 차로 인해 부패되지 않도록 저어준다.
> - 밀봉하여 서늘하고 어두운 곳에서 숙성시키는 것이 좋다.

◯ **양념으로 담그는 젓갈**

어패류에 소금, 고춧가루, 마늘, 파 등의 양념을 넣어 만드는 젓갈로, 주로 명태의 알인 명란과 내장인 창난, 대구 아가미, 오징어, 낙지, 조개 등으로 담근다.

1. 원재료에 소금을 넣어 숙성·발효시킨다.
2. 고춧가루, 마늘, 파, 생강 등의 양념을 넣어 만든다.

Tip 처음부터 소금과 양념을 함께 넣고 숙성시켜 만들어도 좋다.

◯ **간장으로 담그는 젓갈**

간장으로 담그는 젓갈 중 대표적인 것이 간장게장이다. 꽃게로 만든 것을 꽃게장, 민물게로 만든 것을 참게장이라 한다.

1. 다리가 모두 붙어 있는 살아있는 게를 골라 솔로 문질러 이물질을 제거한다.
2. 게딱지를 열어 아가미, 모래주머니와 같은 지저분한 것을 떼어내고 흐르는 물에 깨끗이 씻어서 물기를 제거한다.
3. 간장에 파, 마늘, 생강, 마른 고추, 양파, 표고버섯 등을 넣고 중간 불에서 끓인다.
4. 국물이 우러나면 불을 끄고 건더기를 체에 걸러 식힌다.
5. 손질한 게를 용기에 넣고 식힌 간장을 부어서 서늘한 곳에 둔다.
6. 2~3일 정도 지난 후 간장만 따라 내고 끓여서 식힌 다음, 다시 게에 붓고 3~4일이 지난 후에 꺼낸다.

연안식해 담그기

1. 조갯살을 소금물에 흔들어서 씻고 내장을 빼내어 깨끗한 행주로 싸서 물기를 꼭 짠다.
2. 쌀은 불려서 찜통에 찌고 엿기름가루는 고운체에 걸러서 흰 가루만 모은다.
3. 대추는 씨를 빼서 서너 토막을 내고 잣은 고깔을 뗀다.
4. 쌀밥에 엿기름가루를 뿌리고 대추와 잣을 고루 섞은 다음, 조갯살과 소금 및 참기름을 넣어 항아리에 꾹꾹 눌러 담는다.
5. 뚜껑을 잘 덮고 따뜻한 곳에 3~4일 정도 두면 먹기에 알맞게 익는다.

가자미식해 담그기

1. 손바닥만 한 노란색 참가자미를 골라 내장을 빼고 비늘을 긁어낸다.
2. 소금을 고루 뿌려 절이고 채반에 널어서 꾸득꾸득하게 말린다.
3. 머리와 꼬리를 폭 3cm 정도로 토막을 내고 메좁쌀로 밥을 짓는다.
4. 엿기름가루에 3배의 물을 붓고 주물러서 가라앉힌 다음, 고운체에 엿기름물을 거른 후 냄비에 붓고 끓여서 식힌다.
5. 무는 5cm 길이로 굵게 채썰고 소금에 절인 후 물기를 꼭 짠다.
6. 큰 그릇에 조밥을 담아 고춧가루로 고루 버무린 다음 가자미, 절인 무, 파, 마늘, 생강, 소금, 엿기름물을 넣고 고루 버무린다.
7. 항아리에 꾹꾹 눌러 담고 돌이나 접시로 눌러서 익힌다.
8. 덥지 않은 곳에 두었을 경우 1주일이면 물이 생기면서 알맞게 익는다.

젓갈　195

🍴 늙은 호박 젓국찌개

재료 늙은 호박 1/8쪽, 홍고추 1개, 청양고추 1개, 대파 1대, 다시마 3쪽, 물 4컵

양념 새우젓국 2큰술, 다진 마늘 1큰술

1. 호박은 깨끗이 씻어서 먹기 좋은 크기로 자르고 홍고추, 청양고추, 대파는 어슷하게 썬다.
2. 냄비에 다시마와 물을 넣고 센 불에서 10분 정도 끓인 후 다시마를 건져낸다.
3. 손질한 호박을 넣고 끓인다.
4. 3에 홍고추, 청양고추, 대파를 넣고 다진 마늘, 새우젓국을 넣어 한 번 더 끓인 후 마무리한다. 모자란 간은 소금으로 한다.

잠깐 호박씨는 두뇌 활동을 원활하게 하고 노화를 방지하며 피부 미용에도 좋아요! 잎은 칼로리가 낮고 섬유질이 풍부하여 쌈으로도 많이 먹는답니다~

🍴 연두부 날치알 카나페

재료 **연두부** 1모, **적·홍 날치알** 50g씩, **무순** 약간

초간장 **간장** 1큰술, **식초** 1큰술

1. 연두부는 먹기 좋은 크기로 잘라 물기를 제거한다.
2. 그릇에 연두부를 놓고 날치알을 올린다.
3. 무순으로 장식하고 초간장을 곁들여 먹는다.

잠깐 날치알을 뜨끈한 밥에 올려 참기름을 두르고 비벼 먹으면 씹을 때 알이 톡톡 터지면서 연두부의 부드러움과 날치알의 짭조름하고 고소한 맛을 즐길 수 있어요! 와인과 함께 하면 더욱 좋고, 손님 상차림에도 그럴싸해 보이는 요리랍니다~

시금치 명란 계란말이

재료: **명란** 50g, **달걀** 8개, **데친 시금치** 50g, **청주** 1큰술, **다시마 우린 물** 1컵, **소금 · 흰 후춧가루** 약간씩

1. 달걀에 소금과 흰 후춧가루를 넣고 풀어서 다시마 우린 물과 청주를 넣고 풀어준다.
2. 체에 내려 알끈을 제거한다.
3. 데친 시금치는 송송 썰어서 소금과 참기름에 무치고 명란은 막을 벗긴다.
4. 팬에 기름을 두르고 2의 달걀물을 붓는다.
5. 익기 시작하면 양념한 시금치를 넣어서 말고, 다시 달걀물을 부어가면서 말아준다.
6. 명란을 5에 넣고 다시 말아주면 시금치와 명란이 분리되어 모양도 좋고 맛도 좋다.

잠깐 계란말이를 할 때는 불 조절이 중요해요~ 타지 않게 잘 말아주세요!

🍴 호래기 무침

재료 호래기 200g, 무순 50g, 청양고추 1개, 홍고추 1개, 통깨 약간

양념 다진 마늘 1큰술, 다진 생강 1/2작은술, 설탕 1작은술, 소금 1작은술, 참기름 약간

1. 호래기는 옅은 소금물에 흔들어 씻고 물기를 제거한다.
2. 청양고추와 홍고추는 굵게 다진다.
3. 준비한 재료에 분량의 양념을 넣고 무친다.
4. 무순을 깔고 접시에 담아 통깨를 올린다.

잠깐 고춧가루를 빨갛게 넣어서 호래기를 양념하기도 하지만 청양고추를 넣어 만들면 깔끔하고 매운맛을 즐길 수 있답니다~

🍽 조개젓 비빔밥

재료: **밥** 1공기, **조개젓** 50g, **깻잎** 3장, **청주** 1작은술, **참기름** 1큰술, **깨소금** · **김가루** 약간씩

1. 조개젓을 굵게 다져 청주, 참기름, 깨소금을 넣고 섞는다.
2. 깻잎은 깨끗이 씻어서 물기를 제거하고 채썬다.
3. 밥 위에 김가루를 올리고 1의 조개젓과 깻잎을 올린다.

잠깐 조개젓 대신 창란젓, 멍게젓, 오징어젓, 낙지젓 등 여러 젓갈을 이용해도 좋답니다~

새우젓 주먹밥

재료 밥 1공기, **실파** 2줄, **부추** 3줄, **당근** 30g,
새우젓 1/2큰술, **참기름** · **깨소금** · **김가루** 약간씩

1. 당근은 다지고 실파와 부추는 송송 썬다.
2. 새우젓은 국물을 빼고 준비한다.
3. 밥과 잘라둔 채소를 볼에 넣은 후 참기름, 깨소금, 김가루를 넣고 새우젓은 반만 넣어 버무린다.
4. 3의 밥을 동그랗게 뭉쳐서 주먹밥을 만들고, 남은 새우젓을 올린다.

잠깐 새우젓은 육젓으로, 살이 통통한 것으로 사용하세요~

🍴 양념 게장

재료 꽃게 1kg(밑간 : 향신즙 2큰술, 생강즙 1작은술, 멸치액젓 2작은술, 다진 마늘 1작은술, 맛간장 1큰술), 양파 1/2개, 대파 1대, 청·홍초 1개씩, 통깨 약간

양념1 맛간장 5큰술, 청주 3큰술, 올리고당 3큰술, 설탕 3큰술, 물 6큰술

양념2 다진 마늘 3큰술, 참기름 2큰술, 깨소금 1큰술, 생강즙 1/2큰술, 고운 고춧가루 5큰술, 굵은 고춧가루 2큰술

향신즙 무·양파·배·마늘 100g씩, 생강 10g

> **잠깐** 양념이 흘러내리기 때문에 물엿 대신 올리고당이나 조청을 사용해도 된답니다! 봄에는 암게로, 가을에는 숫게로 담그세요~

1. 양파는 채썰고 대파와 고추는 어슷하게 썬다.
2. 양념1을 5분 정도 끓여서 식힌 후 양념2와 혼합한다.
3. 꽃게는 깨끗이 준비하여 한입 크기로 자르고, 밑간을 하여 2~3시간 재운 후 소쿠리에 건진다.
4. 2의 양념을 넣고 버무린 후 잘라둔 야채를 넣고 살짝 버무린다.
5. 접시에 담고 통깨를 뿌린다.

🍴 버섯 야채볶음

재료 느타리버섯 300g, 당근 1/2개, 양파 1개, 빨간·노란 파프리카 1/2개씩, 대파 1/2대, 참기름 1큰술

양념 까나리액젓 2큰술, 설탕 1작은술

1. 버섯은 가닥가닥 뜯는다.
2. 당근, 양파, 파프리카는 채썰고 대파는 어슷하게 썬다.
3. 팬에 들기름을 두르고 버섯을 뺀 나머지 야채를 넣어 까나리액젓, 설탕과 같이 볶다가 버섯을 넣고 볶는다.

잠깐 볶음 요리에 맑은 액젓 국물을 사용하여 볶으면 맛이 정말 좋아요~

치즈

Cheese

우유 속에 있는 카세인(casein)을
뽑아 응고·발효시킨 식품

   여행을 떠났던 한 아랍 상인이 길을 잘못 들어 오랜 기간 사막을 걷게 되었는데, 수통에 담긴 우유를 마시려 했더니 수통 안에는 하얗게 굳은 덩어리만 있었다고 한다.
   생존을 위해 입에 넣었는데 생각했던 것과 달리 너무나 달콤하고 훌륭한 맛이어서 사람들에게 전한 것이 치즈의 시초라고 한다.

유제품을 좋아하는
늦둥이 아들을 위해

　치즈는 시판용을 주로 이용하지만 간단한 종류의 리코타치즈나 코티지치즈는 직접 만들어 먹기도 한다. 얼마 전 치즈 체험학교에서 아들과 함께 치즈를 만들어 보기도 하고, 치즈를 이용한 요리를 만들어서 먹기도 하였다.

　체험학교에서의 이 경험은 아들과 많은 대화를 하게 되어서 좋기도 했지만, 아들의 또 다른 내면을 볼 수 있게 해주는 좋은 계기가 되었다. 또한 치즈로 음식을 만들고 배우는 작업은 나에게도 정신세계의 만족을 주는 것 같아 매우 유익하고 즐거운 경험이 되었다.

　치즈는 우리나라의 청국장처럼 꼬릿한 냄새가 나는 것도 있지만 우유의 고소함을 그대로 가지고 있는 것들도 많이 있다. 치즈는 우리나라의 김치만큼이나 종류가 많고 만드는 방법도 다양하다.

　처음 치즈를 접한 것은 아마도 대부분이 피자를 먹으면서부터일 것이다. 쭈욱 늘어나는 치즈에 달콤하고 짭조름한 소스와 푹신한 빵은 마치 신세계를 맛본 듯 했다. 그래서인지 나는 두려움 없이 치즈를 대할 수 있었다. 맛도 좋고 냄새도 고소하여 맛있게 먹기도 했지만 냄새가 역하여 먹기 어려운 것도 있었다. 하지만 시간이 지나면서 차츰 익숙해졌다.

　아마도 외국인들이 우리나라 김치나 된장, 청국장을 처음 대하는 느낌이 이럴 것이라는 생각이 든다.

치즈의 유래

기원전 2000년 이집트 무덤의 벽화에 버터와 치즈를 제조하는 과정이 그려져 있다. 그리고 수메르인은 우유와 양젖으로 치즈를 만들어 항아리에 저장을 하면서 먹었다고 한다.

우리가 알고 있는 치즈 제조기술의 기반을 다진 것은 로마 시대에 들어서면서부터이다. 로마 시대의 치즈 제조업자들은 숙련된 장인들로, 벌써 그 당시에 우리가 오늘날 즐기는 것과 비슷한 다양한 종류의 치즈를 만들었다. 또한 그들은 치즈를 숙성시키는 방법에도 일가견이 있었는데, 그것은 로마가 갈리아 지역을 정복했을 때 치즈 제조기술이 프랑스와 영국으로 전수되었을 것으로 짐작된다.

중세 시대에는 다양한 민족의 이동으로 인해 지역에 따라 치즈 제조방법 또한 다양하게 발전하게 되면서 전통적으로 전해 내려오던 제조기술이 사라질 위기에 처했으나, 다행스럽게도 수도원에서 그 명맥이 유지되었다고 한다.

우리가 요즘 볼 수 있는 전통적인 치즈는 대부분 수도사들에 의해 전해 내려온 것이라 할 수 있다.

오늘날 여러 업체 및 목장에서 다양한 종류의 치즈가 생산되고 있으며, 이는 앞으로 더 증가할 것으로 보인다.

치즈의 효능

치즈에는 단백질과 지방이 20~30%씩 함유되어 있으며, 코티지치즈나 크림치즈와 같이 특이한 성분의 치즈는 단백질과 지방을 많이 함유하고 있다. 더욱이 숙성된 치즈는 그 성분이 젖산균 등의 효소작용으로 수용화가 진행되므로 소화 흡수되기 쉬운 형태로 변화된다.

그 밖에 치즈는 칼슘, 비타민 A, 비타민 B_2 등이 풍부하다.

○ 치즈의 효능

뼈 강화	충치 예방	혈압 강하
통증 조절	항균 효과	다이어트 효과
숙취 해소	두통 감소	면역체계 활성화

Tip 치즈 보관하기
코티지치즈와 같은 비숙성 치즈는 냉장 보관이 필요하다. 경질 치즈는 숙성시킨 후 냉장 보관하면 보존성이 좋고 가공 치즈도 오랜 기간 냉장 보관이 가능하다. 그러나 잘린 면이 말라 딱딱해지므로 표면을 폴리에틸렌 필름 등으로 덮어 두는 것이 좋다.

치즈의 종류

- **고르곤졸라치즈**
  짠맛과 매운맛이 나고 사람들이 즐겨먹는 파스타나 피자의 주재료이다.

- **슬라이스치즈**
  체다치즈를 샌드위치나 햄버거 등에 넣어서 먹기 쉽도록 얇게 썬 치즈로, 빵과 잘 어울리는 향이 난다.

- **모차렐라치즈**
  숙성 과정이 따로 없어 신선한 상태 그대로 샐러드나 과일과 함께 먹을 수 있다.
  * 피자나 파니니에 넣어 먹으면 고소한 맛이 난다.

- **카망베르치즈**
  흰곰팡이 치즈로, 고소하고 부드러운 맛이 나서 그냥 먹기에도 좋고 빵과 함께 먹어도 그 맛이 최고이다.
  * 나폴레옹이 좋아했던 치즈로 유명하다.

- **브릭치즈**
  벽돌 모양으로 생겨 브릭이란 이름이 붙여졌으며 안쪽으로 갈수록 식감이 부드럽다.

- **크림치즈**
  크림과 우유를 섞어서 만드는 치즈로 주재료는 우유이다.

- **마스카포네치즈**
  우유에서 크림을 분리시켜 만들기 때문에 지방이 많고 걸쭉한 생크림맛이다.

- **파마산치즈(파르메산치즈, 파르미지아노 레지아노 치즈)**
  이탈리아 고다치즈로 맛이 풍부하고 딱딱하다.

- **에멘탈치즈**
  부드럽고 맛이 고소하며 다른 치즈에 비해 느끼하지 않다.
  * 우리가 보통 알고 있는 치즈의 이미지와 같이 구멍이 뚫린 치즈이다.

- **로크포르치즈**

  양젖에서 생긴 푸른곰팡이로 숙성시켜 만든 치즈이다.

- **스모크치즈**

  치즈를 훈연하여 스모크향이나 허브향 및 숯불향이 난다.

- **훈제치즈**

  치즈를 훈연하여 햄과 같은 맛과 향이 나고, 치즈 냄새를 싫어하는 사람도 편하게 먹을 수 있다.

- **고다치즈**

  담황색 버터 색깔을 띠며 지방 함량이 높은 치즈이다.

- **블루치즈**

  푸른곰팡이를 이용하여 발효시킨 치즈이다.

- **연질치즈**

  가장 부드러운 치즈로, 수분이 45~50% 정도 함유되어 있다.

질감에 따른 분류

- 서연질 치즈
- 반연질 치즈
- 반경질 치즈
- 경질 치즈

코티지치즈 만들기

재료 우유 1.8L, 소금 2작은술, 레몬 2개(8~9큰술)

1. 깊이가 있는 냄비에 우유를 붓는다. 이때 다른 성분이 들어 있지 않은 순 우유가 좋다.
2. 약한 불에서 우유를 데운다. 우유의 온도를 일정하게 하기 위해 자주 저어준다.
3. 우유에 거품이 생기기 시작하면 소금을 넣고 잘 젓는다.
4. 레몬즙을 짜서 넣고 잘 섞이도록 나무 주걱으로 저어주면 순두부 같은 덩어리가 생긴다. 이때 우유 단백질이 모인 것이 커드(curd)이고 노란 물이 유청(whey, 훼이)이다.
5. 김이 올라오면서 끓으려고 하면 불을 끈다.
6. 5분 정도 두었다가 잘 분리되면 하얀 덩어리만 면포에 싸서 물기를 뺀다.

> **Tip 유청**
> 치즈를 만들 때 우유의 주요 단백질인 카세인이 응고된 것으로, 응고되지 않고 분리되는 용액이다. 여기에는 카세인 이외의 단백질, 락토스 등이 남는다.

리코타치즈 만들기

재료 우유 1000mL, 생크림 500mL, 레몬즙(또는 식초) 5큰술, 소금 1작은술, 면포, 식기도구

1. 냄비에 우유 1000mL와 생크림 500mL를 2 : 1의 비율로 붓고 약한 불에서 끓인다.
2. 소금과 레몬즙을 넣고 잘 섞는다.
3. 우유와 생크림이 약하게 끓기 시작하면 2를 부어 준다.
4. 1~2회 정도 가볍게 저은 다음, 한 시간 정도 젓지 않고 약한 불에서 서서히 끓인다.
5. 몽글몽글한 덩어리가 더 이상 생기지 않으면 불을 끄고 미리 준비한 면포에 붓는다.
6. 가볍게 눌러 물기를 살짝 짠다.
7. 면포를 묶고 구멍이 뚫린 그릇에 담아 30분 정도 두면 커드와 유청이 분리된다.
8. 면포 위에 붓는다.
9. 무게가 약간 나가는 그릇을 30분 정도 올려 두어, 다시 한 번 유청을 분리한다.

> **Tip 리코타치즈**
> 부드러우며 단맛이 나는 치즈로, 빵가루와 섞어 닭고기나 생선 위에 뿌려 굽거나 허브와 함께 섞어서 파스타 요리에 사용한다. 0~1℃에서 4주간 저장이 가능하다.

모차렐라치즈 만들기

재료 저온살균 **우유** 4L, **사과식초** 12큰술, **렌넷** 1mL, **증류수** 10mL, **소금** 약간

1. 냄비에 우유를 붓고 식초를 넣어 섞어가면서 치즈가 만들어질 수 있는 산도 5.6~5.7로 맞춘다.
2. 우유를 따뜻하게 데우다가 온도가 28℃가 되면 불을 끈다. 남은 잔열로 32℃까지 올라간다.
3. 데운 우유에 렌넷을 넣고 살살 저어준 후 우유가 움직이지 않게 한다.
4. 우유가 응고되면 작게 잘라서 커드를 건져내고, 유청이 잘 분리되도록 2~3번 뒤집어 주며 유청을 뺀다.
5. 유청이 분리된 커드를 깍뚝 썰어서 80℃ 정도의 물에 넣고 잠깐 기다렸다가 밀가루를 반죽하는 느낌으로 스트레칭을 한다.
6. 20%의 소금물에 염지하여 물에 담아두고 먹는다.

> **Tip**
> 렌넷은 고온살균된 우유에 반응하지 않으므로 반드시 저온살균된 우유이어야 한다.

치즈 215

🍴 코티지치즈 딸기샐러드

재료 샐러드 채소(양상추, 베이비채소, 파프리카 등) 100g, 단감 2개, 코티지치즈 100g

드레싱 올리브유 2큰술, 레몬청 2큰술, 레몬즙(또는 식초) 1큰술, 소금·후춧가루 약간씩

1. 감은 껍질을 벗겨서 먹기 좋은 크기로 자른다.
2. 샐러드 채소는 씻어서 찬물에 잠깐 담갔다가 물기를 제거한다.
3. 샐러드 드레싱은 분량대로 섞어서 차게 준비한다.
4. 접시에 샐러드 채소와 단감을 올리고 코티지치즈를 올려서 샐러드 드레싱을 곁들인다.

잠깐 드레싱은 먹기 직전에 뿌려 드세요. 과일은 제철에 맞는 과일을 응용하면 된답니다~

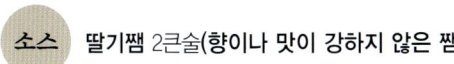 토마토 당근전병 치즈말이

재료 토마토 1개, 당근 1/2개, 슬라이스 모차렐라치즈 4장, 밀가루 1컵, 물, 소금, 식용유

소스 딸기쨈 2큰술(향이나 맛이 강하지 않은 쨈)

1. 토마토와 당근은 강판에 갈아서 밀가루에 넣고, 물과 소금을 넣어서 섞는다.
2. 팬에 얇게 밀전병을 부친다.
3. 2의 전병에 딸기쨈을 펴 바르고 치즈를 올린다.
4. 뜨거울 때 말아서 잠깐 식혔다가 썬다.

잠깐 전병을 만들 때 토마토의 수분이 어느 정도 되는지에 따라 물의 양을 조절하세요!

🍴 피자

 재료 반죽 200g, 피자치즈 1컵, 양파 50g, 피망 1/4개, 버섯 30g, 페퍼로니 햄 8장, 콘 옥수수 30g, 블랙 올리브 20g,

 토마토 소스 완숙 토마토 3개, 바질 3장(가루 1작은술), 월계수 잎 1장, 화이트와인 2큰술, 설탕 1큰술, 소금 1작은술, 레몬즙 2큰술

1. 토마토는 잘 씻어서 꼭지를 따고 칼집을 넣어 끓는 물에 살짝 데친 후, 찬물에 담가 껍질을 벗기고 굵게 다진다.
2. 바닥이 두꺼운 냄비에 1을 담아서 월계수 잎과 바질을 넣어 조리듯이 끓이다가 화이트와인, 설탕, 소금, 레몬즙을 넣고 한소끔 끓인 후 체에 거른다.
3. 양파, 피망, 버섯, 블랙 올리브는 모양대로 자르고 콘 옥수수는 물기를 뺀다.
4. 반죽을 얇게 밀고 토마토소스를 바른다. 3의 재료들을 골고루 뿌린다.
5. 페퍼로니 햄을 올리고 피자 치즈를 올려 180℃로 예열된 오븐에서 15분간 굽는다.

토마토소스 스파게티

재료: 스파게티면 300g, 양송이버섯 50g, 양파 1/2개, 당근 1/4개, 베이컨 3장, 토마토소스 1컵, 다진 마늘 1큰술, 파마산치즈가루 1큰술, 소금·후춧가루·올리브유 적당량

1. 스파게티면은 끓는 물에 소금과 올리브유를 넣고 8~10분 정도 삶는다.
2. 양파와 당근은 굵게 다진다. 양송이버섯은 모양대로 자르고 베이컨도 잘라둔다.
3. 팬에 베이컨을 볶아 기름이 생기면 다진 마늘을 볶다가 양파, 당근, 버섯을 같이 볶는다.
4. 양파가 투명해지면 토마토소스를 넣어서 소금과 후춧가루로 간을 한다.
5. 한소끔 끓이다가 삶은 면을 넣고 버무린다.
6. 스파게티를 접시에 담고 파마산치즈가루를 뿌린다.

잠깐 스파게티소스가 너무 뻑뻑하면 면을 삶은 물이나 치킨 스톡을 살짝 넣어서 끓이면 좋답니다~

🍴 애호박선 치즈구이

재료 **애호박** 1개, **석이버섯** 1장, **달걀** 1개, **소금물** 2컵, **실고추** 약간, **치즈가루**

1. 호박은 반으로 잘라 5cm 길이로 자르고 칼집을 3번 넣어 소금물에 20분간 담근다.
2. 달걀은 황·백지단을 부쳐서 채썬다.
3. 석이버섯은 물에 불려 지저분한 것을 떼고 곱게 채썬다.
4. 실고추는 2~3cm 길이로 자른다.
5. 1에서 준비한 호박에 재료들을 보기 좋게 담고 치즈가루를 뿌려서 180℃로 예열된 오븐에서 10분간 굽는다.

> **잠깐** 궁중요리의 하나인 호박선에 치즈를 뿌려서 구워내면 와인과도 어울리고 청주와도 잘 어울리는 핑거 푸드가 된답니다~

🍴 호박오가리 요리

호박오가리는 누른 호박의 껍질을 벗겨서 돌려깎기나 둥글게 잘라서 말린 것으로, 겨우내 두고두고 먹을 수 있다.

호박오가리 볶음

1. 호박오가리 50g을 물에 충분히 불리고 씻어서 물기를 꼭 짠다.
2. 팬에 들기름을 두르고 다진 파, 다진 마늘, 간장을 넣어 볶는다. 이때 물을 몇 큰술씩 넣어가며 볶아도 좋다.
3. 마지막에 깨소금과 파마산치즈를 넣거나 파마산치즈가루만 조금 넣어 맛을 더해도 좋다.

호박오가리 모둠설기떡

1. 호박오가리를 살짝 씻어 2~3cm 길이로 자른다. 냄비에 설탕과 물을 넣고 끓이다가 밤을 넣고 조린다.
2. 쌀가루에 호박, 밤, 건포도, 검은콩 삶은 것을 넣어 살짝 섞는다.
3. 시루에 면포를 깔고 쌀가루 버무린 것을 고루 펴서 찐다.
4. 완성된 떡에 치즈가루를 뿌린다.

호박오가리 돼지고기 목살조림

1. 호박오가리를 미지근한 물에 불린 후 씻어서 목살과 같이 먹기 좋은 크기로 자른다.
2. 고춧가루로 색이 나도록 주무르고 고추장, 간장, 청주, 물엿, 다진 파, 다진 마늘, 후춧가루를 넣어서 양념한다.
3. 팬에 기름을 두르고 볶듯이 조린다. 부드러운 호박은 나중에 볶고 질긴 것은 처음부터 같이 볶는다.
4. 마지막에 파마산치즈를 올리고 치즈가 녹으면 불에서 내린다.

참고문헌

- 강현우. 고급 한식요리 특선. 유강, 2012.
- 김국 외 1인. 잘먹고 잘사는 법 – 장아찌. 김영사, 2010.
- 김동희. 김치 교육 지도사. 푸른행복, 2010.
- 김영빈. 열두 달 저장음식. 원타임즈, 2014.
- 김영빈. 절이고 삭히는 발효음식 상차림. 살림Life, 2010.
- 김은실. 한국의 발효음식. MJ미디어, 2011.
- 김자경. 배불리 먹고 칼로리 낮추는 다이어트 레시피. 예신Books, 2011.
- 김자경. 요리전문가가 알려주는 육수 만들기 비법. 예신Books, 2013.
- 김현숙. 古家. 열두 달 발효 상차림. 기억, 2010.
- 문화관광부. 한국전통음식. 창조문화, 2000.
- 박숙주 외 1인. 발효 맛 김치 담그기. 예신Books, 2011.
- 박숙주. 반찬 백과. 예신Books, 2014.
- 박종철. 한·중·일의 김치세상. 푸른세상, 2007.
- 박지현. 담양댁의 열두 달 살림법. 수작걸다, 2011.
- 박지형. 탱탱 면요리 육수와 소스. 예신Books, 2012.
- 배태자. 궁합이 맞는 요리. 예신Books, 2008.
- 배태자. 맛깔난 양념 & 소스만들기. 예신Books, 2012.
- 배태자. 배태자의 엄마 반찬 레시피. 예신Books, 2011.
- 사단법인 궁중음식연구원. 조선왕조 궁중음식, 2007.
- 산도르 엘릭스 카츠. 김소정 옮김. 내 몸을 살리는 천연발효식품. 전나무숲, 2010.
- 송원경 외 1인. 암 예방과 다이어트에 좋은 콩요리 66. 예신Books, 2012.
- 신선혜. 「김장 이야기」 김장의 그 세 번째 이야기. 김장김치의 각 지역별 특색
- 안종철 외 1인. 한식세계화를 위한 한국요리. 지구문화사, 2012.
- 안종철 외 2인. 한식세계화를 위한 한국요리. 지구문화사, 2012.
- 안충훈 외 1인. 맛있는 소스백과. 예신Books, 2014.
- 안충훈. 레스토랑 요리 따라하기. 예신Books, 2009.
- 안충훈. 한입에 쏙~ 와인 안주 만들기. 예신Books, 2010.
- 우진영. 와인에 어울리는 요리. 부즈펌, 2013.
- 유미경. 된장 인사이드. 이담, 2009.
- 유지선. 맛있는 소스 만들기. 예신Books, 2013.
- 이기현. 한국 전통음식문화교육 프로그램. 교육과학사, 2006.
- 이민정. 야채와 고기로 건강요리 만들기. 예신Books, 2005.
- 무라야마 하루나. 이서연 옮김. 하루나의 탐나는 라떼아트. 이덴슬리벨, 2014.
- 이영순. 산야초 장아찌와 샐러드 만들기. 예신Books, 2013.
- 이영순. 산야초로 만든 발효청과 요리. 예신Books, 2014.
- 이웅현. PICKLE 피클. 도도, 2014.
- 이정희 외 1인. 맛있는 우리 음식. 효일, 2006.
- 이진랑. 사진 : 이경우. 세상에서 가장 맛있는 보약 된장의 달인들. 지오북, 2011.
- 이하연. 내가 담근 우리집 첫김치. 리빙하우스, 2014.
- 이효지. 한국의 김치문화. 신광출판사, 2000.
- 장연정. 내 몸이 가벼워지는 시간 – 샐러드에 반하다. 리스컴, 2014.
- 장지현 외 11인. 한국음식대관 : 제 4권 발효·저장·가공식품, 2001.
- 전희정 외 1인. 전통 저장 음식. 교문사, 2011.
- 정길자 외 2인. 궁중병과 연구원이 제안하는 퓨전떡과 과자. 교문사, 2014.
- 정낙원 외 1인. 향토음식. 교문사, 2007.
- 조미자 외 2인. 한국전통 식품과 조리. 효일문화사, 1998.
- 조미자 외 5인. 고급한국음식. 교문사, 2008.
- 조숙정. 김치 젓갈 장아찌. 글누림, 2008.
- 차원 외 16인. 세계화를 위한 팔도 김치. 지구문화사, 2013.
- 최정화. 다정 선생님의 반찬 수업. 중앙books, 2014.
- 최홍식. 김치의 발효와 식품과학. 효일, 2004.
- 하순용 외 2인. 한국조리. 지구문화사, 1988.
- 한국전통음식연구소. 아름다운 한국음식 300선. 질시루, 2008.
- 한복진 외 2인 우리가 정말 알아야 할 우리 음식 백가지 1. 현암사, 2007.
- 한응수. 김치의 기술과 경영. 유림문화사, 2005.

발효 요리 레시피

2018년 1월 15일 1판 1쇄
2021년 7월 20일 1판 3쇄

저   자 : 이영순
펴낸이 : 남상호

펴낸곳 : 도서출판 예신
www.yesin.co.kr

(우)04317 서울시 용산구 효창원로 64길 6
대표전화 : 704-4233, 팩스 : 335-1986
등록번호 : 제3-01365호(2002.4.18)

값 16,000원

ISBN : 978-89-5649-142-4

* 이 책에 실린 글이나 사진은 문서에 의한 출판사의
  동의 없이 무단 전재 · 복제를 금합니다.